DESENHO ARQUITETÔNICO

Outros títulos de **Gildo Montenegro**

A perspectiva dos profissionais

ISBN: 978-85-212-0542-5
164 páginas
Formato: 17 x 24 cm

Desenho de projetos

ISBN: 978-85-212-0426-8
128 páginas
Formato: 17 x 24 cm

Geometria descritiva - volume 1

ISBN: 978-85-212-0981-2
126 páginas
Formato: 17 x 24 cm

Geometria descritiva - volume 2

ISBN: 978-85-212-0919-5
120 páginas
Formato: 17 x 24 cm

O traço dá ideia

ISBN: 978-85-212-1016-0
142 páginas
Formato: 17 x 24 cm

A invenção do projeto

ISBN: 978-85-212-0007-9
132 páginas
Formato: 14 x 21 cm

Ventilação e cobertas

ISBN: 978-85-212-0081-9
140 páginas
Formato: 14 x 21 cm

Inteligência visual e 3-D

ISBN: 978-85-212-0359-9
96 páginas
Formato: 17 x 24 cm

www.blucher.com.br

GILDO MONTENEGRO
ARQUITETO
EX-PROFESSOR DO CURSO DE ARQUITETURA
DA UNIVERSIDADE FEDERAL DE PERNAMBUCO

DESENHO ARQUITETÔNICO

5ª EDIÇÃO

Desenho arquitetônico
© 2017 Gildo Montenegro
1ª edição – 1998
5ª edição – 2017
Editora Edgard Blücher Ltda.

Blucher

Rua Pedroso Alvarenga, 1245, 4º andar
04531-934 – São Paulo – SP – Brasil
Tel.: 55 11 3078-5366
contato@blucher.com.br
www.blucher.com.br

Segundo Novo Acordo Ortográfico, conforme 5. ed. do *Vocabulário Ortográfico da Língua Portuguesa*, Academia Brasileira de Letras, março de 2009.

É proibida a reprodução total ou parcial por quaisquer meios sem autorização escrita da editora.

Todos os direitos reservados pela Editora Edgard Blücher Ltda.

Dados Internacionais de Catalogação na Publicação (CIP)
Angélica Ilacqua CRB-8/7057

Montenegro, Gildo
  Desenho arquitetônico / Gildo Montenegro –
5. ed. – São Paulo : Blucher, 2017.
  164 p. : il.

Bibliografia
ISBN 978-85-212-1206-5

1. Desenho arquitetônico I. Título.

17-0704	CDD 720.284

Índice para catálogo sistemático:
1. Desenho arquitetônico

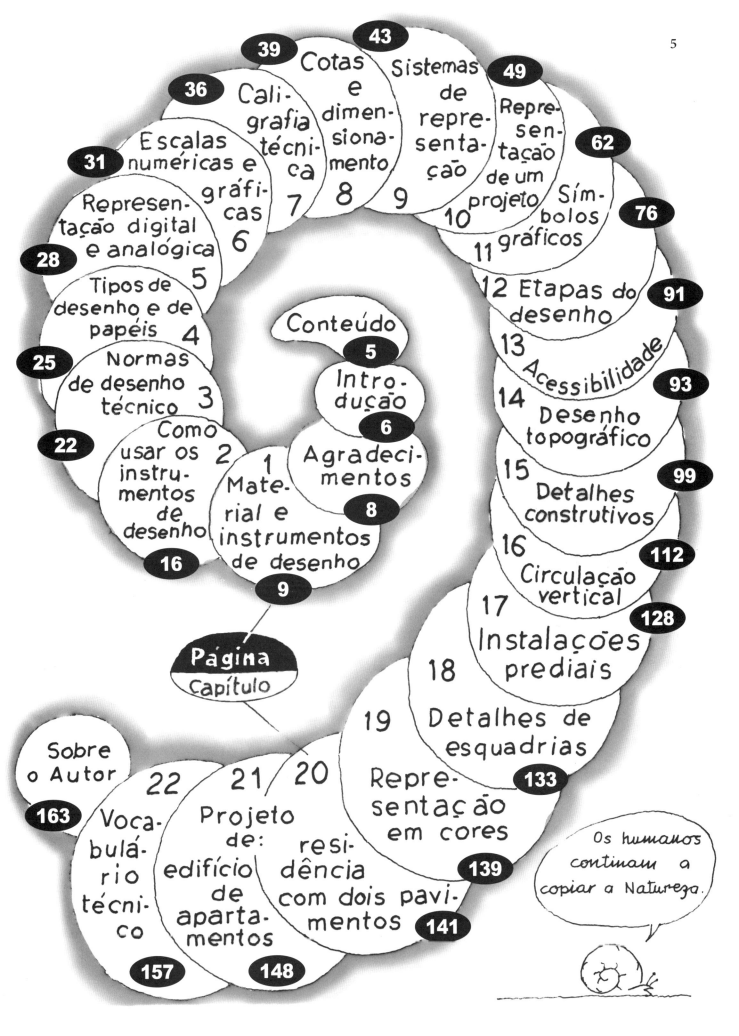

Introdução

Conteúdo: os dedos fazendo artesanato no teclado do computador? Pontos fracos do desenho como representação técnica. Origens deste livro e seus objetivos. A necessidade de conhecer bem as regras do desenho.

Lembramos que...

- O desenho arquitetônico, feito à mão, é artesanato em plena era da tecnologia, mas existem máquinas, ligadas a computadores, que desenham levantamentos topográficos completos, planos urbanísticos e projetos de arquitetura, inclusive apresentando cortes, fachadas e perspectivas externas e de interiores, na posição que for escolhida para o observador ou mostrando o objeto em movimento.

- O desenho arquitetônico não é a representação ideal de um projeto. Seu defeito maior é mostrar pedaços de um projeto que deverá ser visualizado completo em uma imagem mental (síntese).

- Tomei por base minha experiência, primeiro como desenhista e, mais tarde, como professor universitário dessa matéria, ao redigir e desenhar um curso que obedece à sequência da aprendizagem, o que nem sempre coincide com a ordem lógica dos assuntos.

- Este livro nasceu de uma edição particular que os alunos chamavam de apostila e que o apoio dos amigos fez esgotar-se. Atendendo a sugestões, refiz e ampliei o trabalho inicial. O livro é, pois, obra reformulada em edições sucessivas e foi feito com a intenção de informar e de orientar o futuro desenhista, nada mais. Se a universidade, em alguns casos, ao longo de cinco anos, não consegue formar um arquiteto, como teria eu a pretensão de fazer um arquiteto em pouco mais de cem páginas? Além de absurdo, seria ilegal.

- Deixo de apresentar bibliografia, pois é impossível citar livros dos quais eu usei uma ou duas frases, guardadas na memória, sem fichas e sem arquivo. Por outro lado, muitos assuntos não se encontram em qualquer outro livro de desenho arquitetônico, nacional ou estrangeiro.

- Ao explanar um assunto, os autores tendem a colocá-lo nos cornos da lua e alguns julgam o seu conteúdo o mais importante de todos. Outros, generosamente, procuram (e)levar sua obra àquelas alturas. Neste sentido, eu sou uma ovelha negra por dois motivos:

    1. Meu livro é incompleto. Ora porque eu não sei de tudo, ora porque engrossaria demais o livro. Um dia, em conversa com uma diretora da Secretaria de Educação do Estado de Pernambuco, ela disse (não uma, duas vezes!) que seu trabalho era tão bom que não via como melhorá-lo (!!). Não tenho tamanha pretensão, e este livro é exatamente o contrário! Está aí para ser melhorado, riscado, corrigido. Com a colaboração do leitor, isso ficará mais fácil de ser realizado.

    2. O desenho arquitetônico (assunto) tem deficiências e, como desenho, está longe de ser a representação ideal de um projeto arquitetônico.

Não estou sozinho nesse ponto de vista, outros arquitetos concordam comigo. É o caso de Frank Lloyd Wright, o talentoso arquiteto norte-americano que, em sua autobiografia, lembra da existência de enorme diferença entre arquitetura pensada, imaginada, e arquitetura desenhada. O desenho, digo eu, é chato (bidimensional), taquigráfico (simbólico), não reflete a escala humana, é estático (não muda seus pontos de vista), não denota o espaço (sobretudo o interior, nos grandes edifícios), não mostra as cores e a luz, nem os cheiros e os sons. O projeto arquitetônico é a casca seca e miniaturizada de uma fruta, ainda que possa crescer e ter vida, ao ser construído e servir de abrigo às pessoas.

Diz-se que os arquitetos antigos não faziam projetos, embora houvesse um plano preconcebido (esboço e, algumas vezes, maquete). A ideia amadurecia durante a construção e as eventualidades da obra eram vividas pelo arquiteto e pelos artesãos. O projeto de hoje, detalhado até os parafusos, é o diagrama de uma montagem e não passa de uma ideia imaterial.

Exatamente por possuir tais deficiências, o desenho arquitetônico deve ser dominado até os seus pormenores mais sutis. O futuro arquiteto terá de conhecer a fundo a gramática do desenho a fim de se expressar fácil e rapidamente na linguagem do traço. Para dominar a linguagem simbólica, ele necessita conhecer sua origem e pensar criticamente as normas e as convenções; somente assim, o desenhista poderá optar conscientemente por esta ou aquela convenção ou norma, ou quebrar, conscientemente, as regras, quando for o caso.

AOS FUTUROS ARQUITETOS

Assim fazendo, o futuro arquiteto evita tropeçar em falhas gráficas que podem custar tempo, dinheiro e aborrecimentos. Por isso, em alguns escritórios, o arquiteto *nunca erra*. Neles, o desenhista é como o mordomo: sempre leva a culpa.

Com essas palavras, está dado o pontapé inicial para o jogo de aprendizagem do qual o leitor é participante efetivo. Eu fico na margem do campo, depois de tê-lo sinalizado e aparado a grama, pronto a ajudar o necessitado que peça a água do conhecimento, se ela estiver ao meu alcance.

Recife, 2017

A capa deste livro simboliza os primeiros abrigos naturais do homem: as grutas. Elas evoluíram para arcos e tetos: arqui... tetura.

Agradecimentos

- A Cleber Mendes de Aguiar, Lívio José da Silva e Maria da Glória Santos Laia, professores de olho vivo, por sugestões que enriqueceram muitas páginas;
- ao meu ex-desenhista, ex-aluno, ex-colega de trabalho, o arquiteto e eventual parceiro Cleo R. Costa Leite, sempre pronto a me ajudar;
- a Hélio Pereira (†) e Hélio Marinho, desenhistas experientes que ajudaram em edições anteriores do livro;
- a Niepce C. Silveira (†), um Arquiteto com o A de Artista, por sua sugestiva capa da primeira edição;
- a Nadine M. Loureiro e a Juliana, mãe e filha, arquitetas, por dúzias de sugestões;
- a Edgard Blücher, editor de faro aguçado, responsável pela transformação de uma apostila mimeografada neste livro sempre renovado;
- a Patrícia Siqueira, ex-aluna e agora arquiteta, que, com competência, diagramou a edição anterior;
- a Gisele Lopes de Carvalho, ex-aluna, arquiteta e professora, pelo texto inicial do Capítulo 5;
- a *todos* os meus ex-alunos (que não sabem o quanto me ensinaram...) e a todos os que me incentivaram com palavras ou atos.

Sem vocês, este livro teria perdido muito de seu conteúdo.

1 Material e instrumentos de desenho

Conteúdo: com o passar do tempo, surgem novos instrumentos, enquanto outros se tornam peças de museu. É o caso de compassos, tecnígrafos, normógrafos de chapa perfurada, curvas francesas, tira-linhas, canetas Graphos e outros.

Este capítulo é uma visita ao passado. É também homenagem aos que ainda desenham na prancheta, por este ou aquele motivo. Tornou-se difícil encontrar alguns desses instrumentos e, mais difícil ainda, encontrar quem os utilize bem.

No mundo digital, o computador e o *plotter* alteraram o desenho, substituindo instrumentos que faziam parte do ateliê de arquitetura. A seguir, antigos materiais e instrumentos são apresentados em ordem quase sempre alfabética.

ATELIÊ

Ateliê, ou oficina, era um conjunto de salas com pranchetas ou mesas de desenho, sendo uma delas dedicada ao atendimento de clientes; nas demais, os desenhistas ganhavam o sustento e, às vezes, miopia e doença renal. Isso quando o regime de trabalho ocorria em ritmo acelerado e em más condições de iluminação e de conforto.

BORRACHA

Em esboços, não se utiliza borracha. Errou, faça outro; é a regra. No desenho técnico a lápis, usava-se o tipo "miolo de pão", hoje borracha sintética ou polímero, e o tipo mais áspero, para apagar (mal) os traços a tinta.

CANETA DE ESTILETE

Carregar o depósito de tinta é simples. Complicado e delicado é (era) limpar o estilete, que ora flexiona, ora entope com frequência. A tecnologia de fabricação de canetas mudou e fabricam-se canetas com ponta de náilon e tinta química (não nanquim) de secagem rápida.

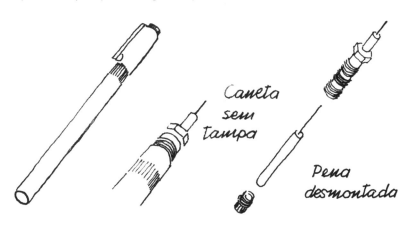

CANETA GRAPHOS

É marca comercial sem produto similar, sendo aperfeiçoamento do tira-linhas. As penas eram de séries (A, T, O etc.), sendo as duas primeiras as mais utilizadas.

CURVA FRANCESA

É usada para traçado aproximado de concordâncias. Existe a dita curva universal, que é flexível, em diversos modelos. Ver a seguir:

ESQUADRO

A medida *h* varia de 12 cm a 42 cm. Para desenhos no formato A4, por exemplo, o tamanho de 16 cm é adequado. Para o formato A1, recomenda-se *h* = 32 cm.

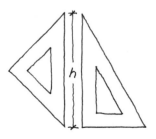

COMPASSO

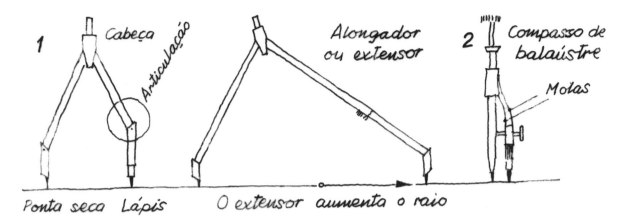

Tipos de compasso:

- Compasso simples (1): bons compassos possuem articulação nas pernas; isso evita o alargamento do furo que corresponde ao centro dos arcos. Há também tipos providos de alongador ou extensor.
- Compasso de balaústre (2): traça arcos de 0,5 mm a 1,2 mm de raio. Era também chamado de:
    - compasso de círculos mínimos;
    - compasso-bomba;
    - compasso bailarina;
    - esbilro.

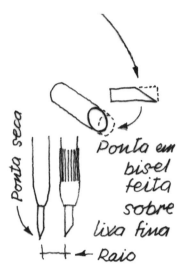

- Cintel (3): formado por duas peças independentes que se prendem a uma régua ou perfil metálico.
- Compasso de redução e de ampliação (4): não serve para traçar arcos. A peça móvel "E" permite ajustar as proporções desejadas entre as medidas A e B.
- Compasso de pontas secas (5): não possui lápis. Serve para transportar medidas, sendo útil no desenho de máquinas.

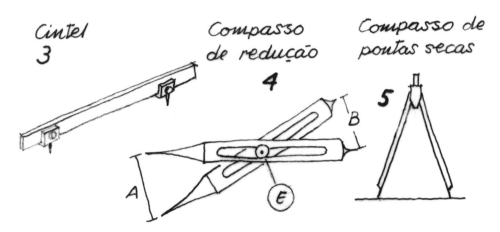

ILUMINAÇÃO

A iluminação é assunto descuidado, em geral. Usam-se lâmpadas fluorescentes (inadequadas para trabalho contínuo) a grande altura. O ideal é que a fonte principal de luz provenha da esquerda, para os não canhotos.

LÁPIS

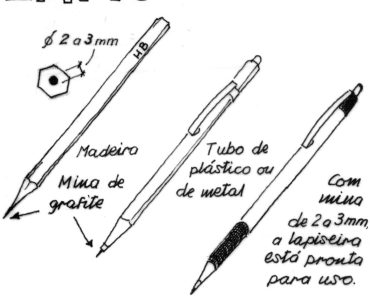

Os lápis de boa qualidade são sextavados e utilizados no desenho técnico e em esboços. A mina de grafite ou de polímero deve ser de boa qualidade; quando não é assim, ela varia de dureza, prejudicando a qualidade do traço. O lápis comum, com graduação de números 1 a 3, não é utilizado em desenho técnico.

Graduação de grafite	Macio	Médio	Duro	Duríssimo
	6B - 4B - 2B - B	HB	F - H - 2H	3H ... 9H
Para que serve	Para esboço	Usado em papel manteiga (p. 26)	Uso normal em desenho técnico	Não é usado sobre papel

NORMÓGRAFO

Letras recortadas em chapa metálica

O tipo "aranha" é o mais caro, de melhores resultados e é originado do aperfeiçoamento dos modelos mais antigos de chapa perfurada. O *plotter* faz letras de fontes variadas e de qualquer tamanho.

Régua (CL)*	Altura da letra (mm)	Traço (mm)
60	1,5	0,2**
80	2	0,2
100	2,5	0,3
145	3,0	0,4
175	4,5	0,8

* C = *Capital* = Maiúscula; L = *Little* = Minúscula.
** A régua 60 com altura de letra 1,5 mm e traço 0,2 mm é usada apenas como expoente.
Exemplos: m², 180⁵, 30⁷.

PRANCHETA

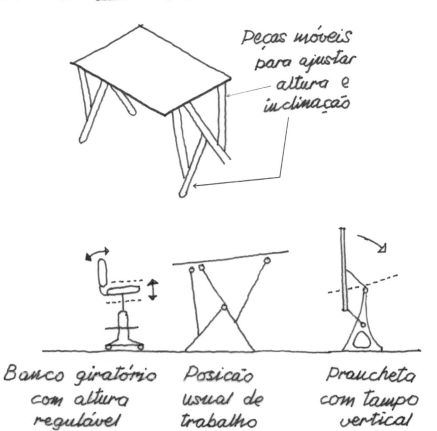

RÉGUA GRADUADA

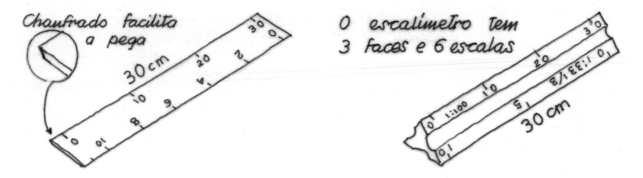

O chamado escalímetro é um triplo decímetro com 6 escalas. É comum o principiante ficar girando o prisma até encontrar a escala que vai utilizar; deve-se ter o cuidado de verificar que está sendo utilizada a escala do desenho. Para veteranos, é peça dispensável.

RÉGUA-TÊ E PARALELA

A régua-tê, ou simplesmente tê, serve principalmente para traçar linhas paralelas. É usada como apoio dos esquadros no traçado de verticais e de oblíquas, como será visto no próximo capítulo.

O aperfeiçoamento do tê é a régua deslizante, presa por fios paralelos nas bordas superior e inferior do tampo da prancheta. Seu inconveniente é não permitir a colocação de objetos sobre o tampo sob pena de tirar o paralelismo dos traços.

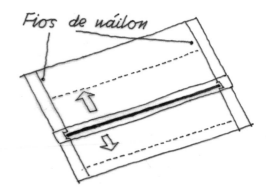

TECNÍGRAFO

O tecnígrafo incorpora régua-tê, esquadros, régua graduada e transferidor numa peça única. Embora prático, era instrumento pouco encontrado nos escritórios, talvez por seu custo elevado.

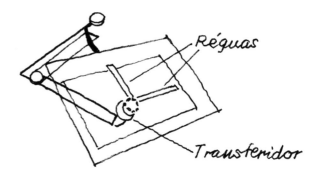

TINTA NANQUIM

A tinta nanquim era vendida em frascos de vidro ou plástico e em bisnagas. Hoje, é artigo somente encontrado em lojas especializadas, como a maioria dos produtos deste capítulo. Havia também nanquim nas cores amarela, azul e vermelha.

TIRA-LINHAS

Usado para traçar linhas retas, o tira-linhas é também complemento do compasso. Se o desenho a tinta exige cores variadas, ele tem sua utilidade. Existe o tipo simples e o bico de pato, mostrados a seguir. O tira-linhas deve ser guardado com as hastes abertas e devidamente limpo de tinta.

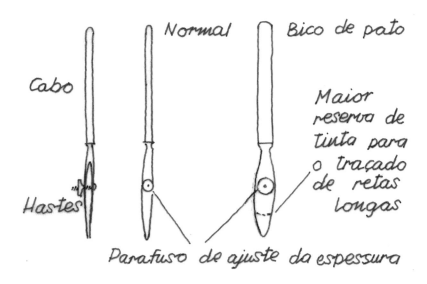

TRANSFERIDOR

O transferidor é utilizado para medir ângulos. A graduação do instrumento deve ser em traço fino e bem legível. O tamanho varia de 15 cm a 25 cm de diâmetro.

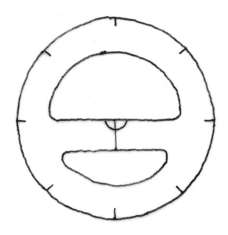

2 Como usar os instrumentos de desenho

Conteúdo: cada dia mais difíceis de encontrar, os antigos instrumentos de desenho continuam sendo a base do aprendizado de desenho técnico: lápis, régua-tê, régua graduada, esquadro, compasso e outros.

Você entra na sala de desenho, acende a luz e observa.

- Tem boa ventilação?
- A iluminação é adequada?
- A luz vem de cima para baixo e da esquerda para a direita?
- A prancheta está bem ajustada?

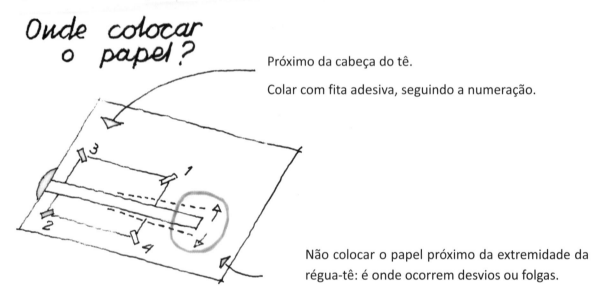

Próximo da cabeça do tê.

Colar com fita adesiva, seguindo a numeração.

Não colocar o papel próximo da extremidade da régua-tê: é onde ocorrem desvios ou folgas.

É fácil ser desenhista; difícil é ter persistência, treinar continuamente e observar. Com boa memória visual e com orientação profissional, qualquer pessoa aprende a *desenhar bem*.

Aprender apenas com os próprios erros é demorado e caro. Aprende-se também com os erros e acertos alheios; é mais barato e mais rápido.

Pequenos detalhes importam, ainda que pareçam tolos ou insignificantes. No futebol, todos conhecem chutadores de bolas, mas o grande craque gastou muito tempo observando e treinando.

Como usar os instrumentos de desenho

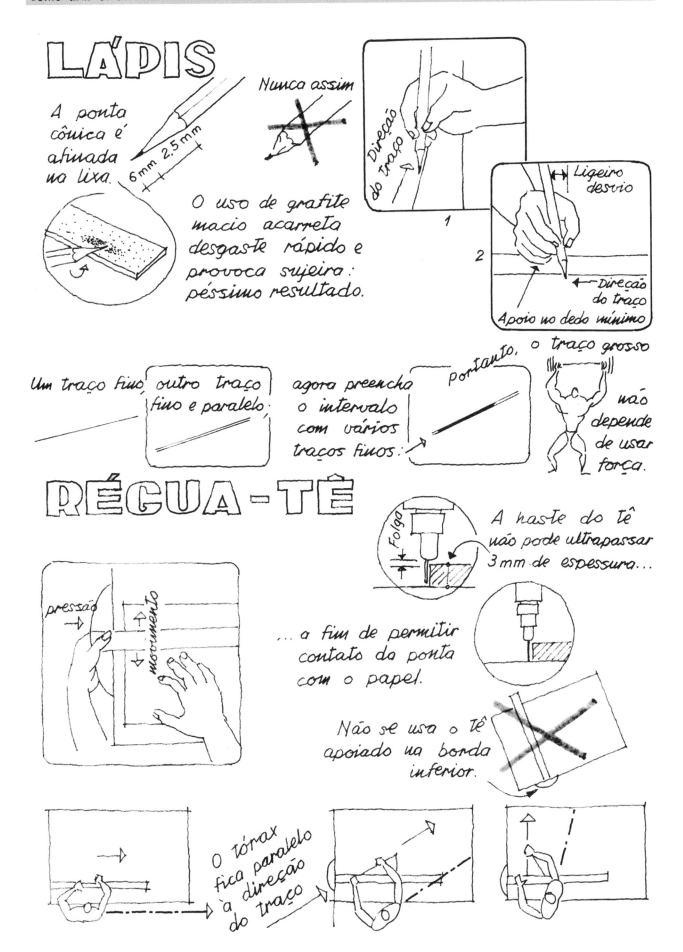

RÉGUA GRADUADA

SIM   NÃO

- É instrumento de medição.
- Marque as medidas por pequenos traços sobre uma reta já desenhada.
- Para marcar várias medidas ou cotas, some à parte cada medida com a anterior e marque a soma, conservando fixo o zero (origem) da régua. Exemplo:

- Não pode servir de apoio para traçar.
- As gravações existentes na régua corroem o lápis, sujando o desenho, e criam ondulações no traço.
- Não marque pontinhos.
- Não ir avançando a régua a cada medida/cota.

Técnica correta: a régua fixa

Técnica inadequada

- Em desenhos de grande precisão, a régua deve ficar inclinada, aproximando a graduação do papel de modo a assegurar a exatidão das marcações.

- Usar a régua graduada para cortar papel gera atrito capaz de derreter o plástico e deixar a régua com falhas:

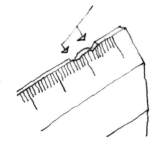

ESQUADRO

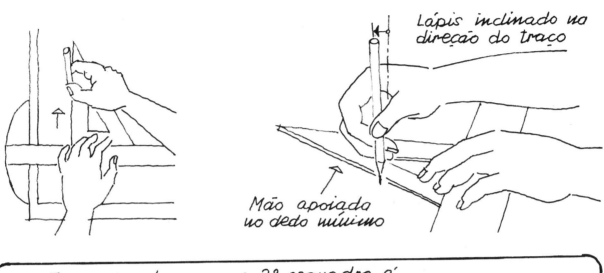

Lápis inclinado na direção do traço

Mão apoiada no dedo mínimo

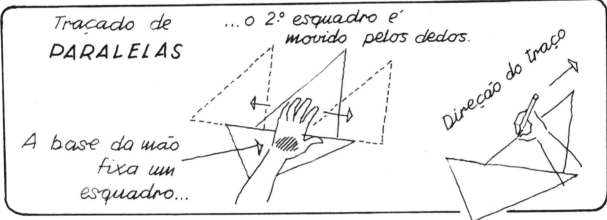

Traçado de **PARALELAS**

...o 2º esquadro é movido pelos dedos.

A base da mão fixa um esquadro...

Direção do traço

Traçado de **PERPENDICULARES**

Um esquadro ou régua serve como apoio, não sendo movimentado.

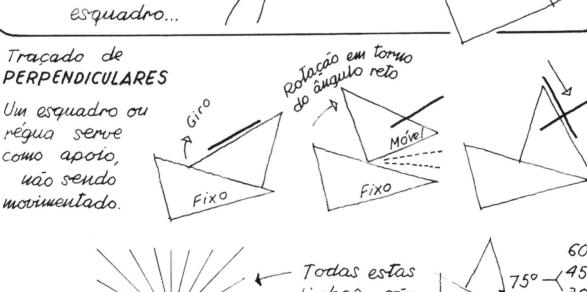

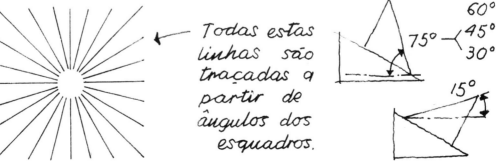

Todas estas linhas são traçadas a partir de ângulos dos esquadros.

A ponta seca com rebaixo evita seu aprofundamento, como ocorre no traçado de vários arcos de mesmo centro.

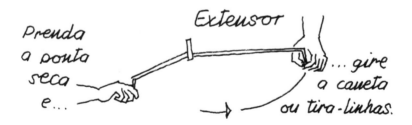

IMPORTANTE

1. Antes de começar o trabalho, limpar a prancheta.
2. Apontar os lápis, inclusive os compassos.
3. Se vai desenhar com tinta, verificar se as canetas estão funcionando satisfatoriamente.
4. Não espetar o compasso na prancheta nem na régua graduada.
5. Não usar o compasso para alargar furos.
6. Não usar o triplo decímetro para traçar retas.

ESQUADRO

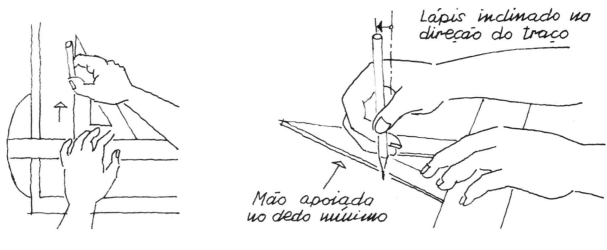

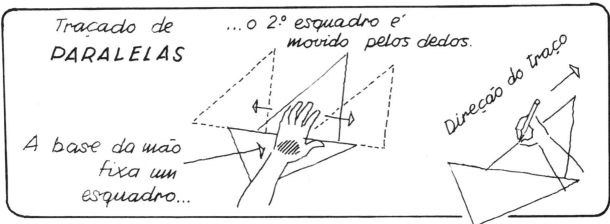

Traçado de PERPENDICULARES

Um esquadro ou régua serve como apoio, não sendo movimentado.

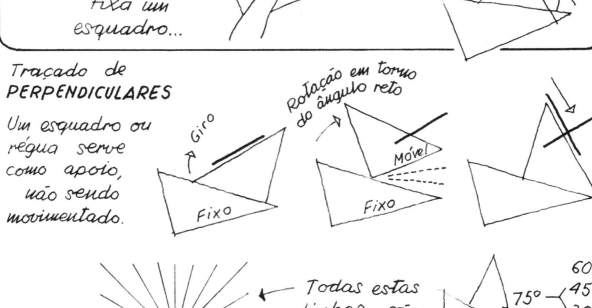

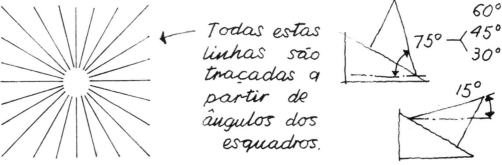

Todas estas linhas são traçadas a partir de ângulos dos esquadros.

A ponta seca com rebaixo evita seu aprofundamento, como ocorre no traçado de vários arcos de mesmo centro.

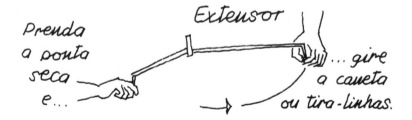

IMPORTANTE

1. Antes de começar o trabalho, limpar a prancheta.
2. Apontar os lápis, inclusive os compassos.
3. Se vai desenhar com tinta, verificar se as canetas estão funcionando satisfatoriamente.
4. Não espetar o compasso na prancheta nem na régua graduada.
5. Não usar o compasso para alargar furos.
6. Não usar o triplo decímetro para traçar retas.

7. Não voltar atrás sobre traço desenhado.

8. Lavar periodicamente com água e sabão neutro os esquadros, a régua-tê e o triplo decímetro.

9. Não cortar papel usando lâmina sobre a prancheta nem usar a régua-tê como guia.

10. Não usar a borda inferior da régua-tê.

11. Próximo da cabeça do tê:

    - colar com fita adesiva, seguindo a numeração;
    - não colocar o papel próximo da extremidade da régua-tê: é onde ocorrem desvios ou folgas.

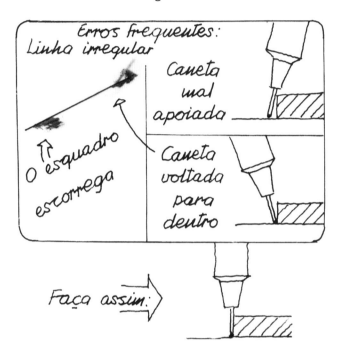

3 Normas de desenho técnico

Conteúdo: para que servem as normas? Normas brasileiras e estrangeiras. Tipos de linhas. Formatos de papel e dobramento de cópias

O desenho técnico não pode sujeitar-se aos gostos ou caprichos de cada desenhista, pois será utilizado por diversos profissionais antes de chegar à fabricação de objeto específico: máquina, objeto ou casa.

A NBR 10067/1995, que trata de princípios gerais de representação em desenho técnico, difere apenas em detalhes das normas usadas em muitos países. As normas técnicas francesas têm as iniciais NF; as alemãs são as *Deutsche Industrie Normen* (DIN) ou Normas da Indústria Alemã. As do Brasil são as Normas Brasileiras Registradas (NBR); o primeiro número identifica uma norma especifica e o segundo se refere ao ano de aprovação.

Nossas normas não têm força de lei; contudo, devem ser adotadas por profissionais, pois são baseadas em pesquisas e têm por objetivo a padronização e a ordem. Apesar da seriedade com que a ABNT estuda cada norma, há quem prefira adotar padrões particulares, voltando à situação de um passado em que cada profissional usava convenções próprias e ninguém se entendia. Como diz o provérbio, "em cada cabeça uma sentença"; no entanto, optar por padrões técnicos individuais, no mundo atual, diz mal dessa cabeça ou desse "cabeçudo".

No desenho arquitetônico, o traço grosso é feito com 0,6 mm ou 0,8 mm na escala de 1:50 e 0,5 mm ou 0,6 mm quando na escala de 1:100. Esse assunto será comentado nos Capítulos 10 e 11. O formato A1 tem 0,5 m² e corresponde à divisão do formato A0 em duas partes; o formato A2 tem 0,25 m² e origina-se da divisão do formato A1 em duas partes. Na escolha do formato, deve-se considerar:

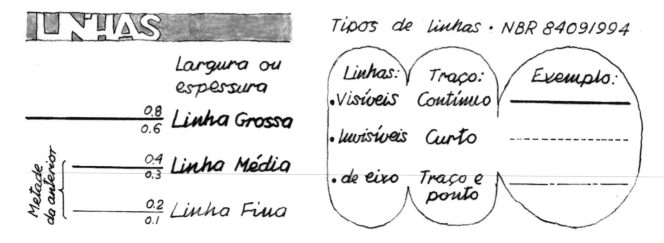

FORMATO e dimensões do papel

O ponto de partida é o formato A0 (lê-se A zero) que tem 1 m² de superfície e os lados na razão 1:√2.

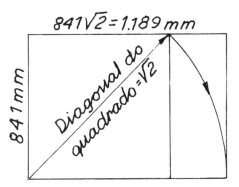

$841\sqrt{2} = 1.189$ mm

Diagonal do quadrado = √2

Formato A0 · Escala ≃ 1:24,6

Subdivisão do A0: todos os formatos são semelhantes e resultam da multiplicação ou da divisão por 2.

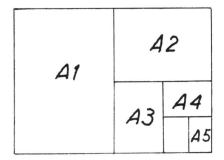

- Um desenho feito em determinado tamanho e reduzido à metade de seu tamanho original terá sua escala igualmente reduzida à metade. Isso significa que cada formato deve ter a metade das dimensões do anterior, havendo múltiplos e submúltiplos.

- Os formatos-padrão devem levar em consideração as dimensões dos papéis em rolo e em folhas vendidos no comércio.

- As cópias são pagas em função da superfície em metro quadrado de papel. É, pois, vantajoso que os formatos tenham 1 m², 0,5 m², 0,25 m² etc.

- O desenhista deve procurar fazer todas as pranchas de um projeto com formato único, isto é, com as mesmas dimensões. Quando isso não for possível, procura-se ajustar as pranchas em dois formatos. A experiência ajuda bastante na escolha do formato ideal.

Dimensões de pranchas (medidas em milímetros)

Referência	x	y	a
2A0	1189	1682	15
A0	841	1189	10
A1	594	841	10
A2	420	594	7
A3	297	420	7
A4	210	297	7
A5	148	210	5

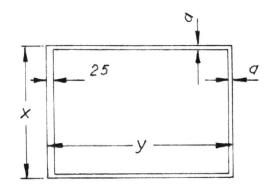

DOBRAMENTO

Os desenhos originais feitos em papel são guardados em rolos ou abertos; se forem dobrados, deixam marcas nas cópias e podem rasgar-se. Assim, somente as cópias são dobradas. A NBR 131/1999 mostra a sequência do dobramento, que, aqui, aparece com detalhes. As figuras mostram o dobramento nas pranchas, que levam seu título no canto inferior direito.

MEDIDAS EM MILÍMETROS

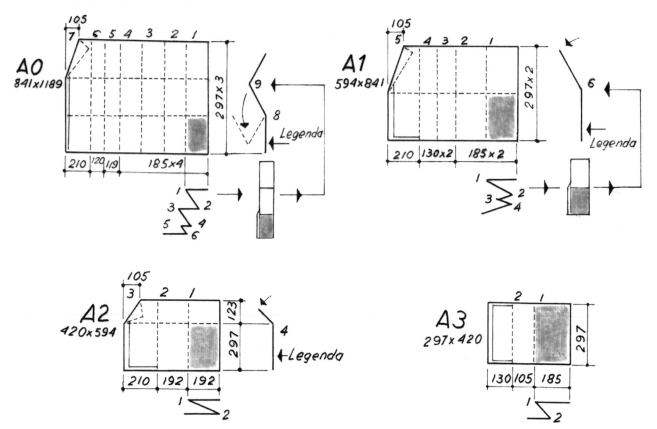

4 Tipos de desenho e de papéis

Conteúdo: a origem do projeto e para que ele serve. Diferença entre projeto e planta. Um projeto para cada caso. Etapas de um projeto. Tipos de papel.

COMO NASCE O PROJETO?

Quando alguém pretende construir uma escola, um hospital ou uma casa, surge a necessidade de fazer o projeto. Sem projeto, não há como determinar o custo da construção, a quantidade dos materiais da construção ou o tempo que deverá durar a construção.

Há diferença entre projeto e planta. A planta ou as plantas são os desenhos, rolos de papéis ou *pen drive* em que está representado aquilo que se deseja construir – o projeto. O projeto é uma ideia, resultado da imaginação criadora e da escolha deliberada, entre centenas de fatores, de qual deles prevalecerá. A habilidade e o conhecimento serão as bases para equilibrar a arte e a tecnologia.

Se o cliente é uma pessoa aberta, sociável, acostumada a receber amigos, a casa será completamente diferente daquela cujo proprietário é um estudioso, retraído, que gosta de ouvir música sozinho. Ela será clara, aberta para o terreno amplo ao seu redor, de cores vivas, ou será discreta, dando para um pátio interno? Será rodeada de terraços ou terá grandes vidraças para proteger do clima externo? Ficará no meio do lote ou será encostada num dos flancos? A sala se prolonga por terraços e jardins? A cozinha fica melhor na frente ou atrás? Os quartos ficarão voltados para os fundos ou para a rua? A sala terá a mesma altura da cozinha?

Há muitas perguntas desse tipo para serem respondidas antes de começar a esboçar o projeto. E as respostas devem ser justificadas ou "sentidas". Por que é assim e não "assado"? Abrir um livro ou uma revista e dizer que deseja "uma casa igual a esta" é falta de imaginação, no mínimo. Isso nada tem a ver com projeto ou com arquitetura, porque esta é, antes de tudo, criação.[1] Copiar ou plagiar o que se publicou ou aquilo que já existe será uma coleção de plantas; *não é um projeto*!

Fazer uma planta está ao alcance de qualquer pessoa, de qualquer profissão. Elaborar projeto é coisa séria e o arquiteto – ainda que tenha experiência e capacidade – precisa parar, pesquisar, pensar, imaginar, riscar, discutir e tornar a riscar duas, três, dez, vinte vezes. Ou não se trata de um arquiteto.

---

[1] Por que, nos cursos de Arquitetura, não se estuda a criatividade? É certo que todos somos criativos! Mas isso não é desculpa para não desenvolvê-la ainda mais, como mostra nosso livro *A invenção do projeto*.

ESTUDOS PRELIMINARES

Cabe ao cliente dizer os objetivos que pretende alcançar com sua construção, fornecer um programa ou lista de necessidades e definir quanto poderá gastar e em quanto tempo. No diálogo entre o arquiteto e o cliente, vão surgindo problemas e soluções. Ao mesmo tempo, o arquiteto estará fazendo pesquisas e anotações de modo a orientar suas primeiras "bolações" ou ideias. Pouco a pouco, o projeto vai tomando forma em esboços que se sucedem e em novas discussões e esboços, a tal ponto que pode ocorrer de um esboço já descartado, poucos dias depois, não mais ser entendido ou interpretado pelo próprio arquiteto que o riscou. Essa é uma das razões pelas quais os esboços são "passados a limpo" (revisados).

A ideia do projeto arquitetônico passa por muitos estudos até chegar à sua primeira representação gráfica, que é também um esboço. Ele tem outros nomes como garatuja, croqui, borrão, estudo preliminar, rascunho e outros.

Os esboços, em geral, são feitos em "papel-manteiga". Arquitetos mais desligados desenham nos forros de prancheta, nas mesas de bar, em caixas de fósforo, nas margens de jornais, nos guardanapos de papel e nos similares da outra extremidade.

ANTEPROJETO

O esboço revisado dá origem ao anteprojeto (atenção: a turma que se esqueceu da alfabetização escreve "ante-projeto"!), que vem a ser a *segunda* representação gráfica do projeto. Anteprojeto é um desenho feito à mão livre, com instrumento ou no computador; é desenho de apresentação para apreciação pelo cliente e, por isso, repleto de cores, com perspectivas internas e externas e outros recursos disponíveis. Em geral, é feito sobre papel opaco de marcas como Piraí, Canson, Fabriano, Ingres, Schoeller e similares. Pode-se optar por apresentar o anteprojeto em *pen drive*, englobando tudo o que o computador oferece. Depois de discutido o anteprojeto, fazem-se as pazes, e vem a terceira fase.

PROJETO

O projeto, plano geral ou projeto definitivo é desenhado com instrumento, na prancheta, ou digitado no computador para posterior impressão. O projeto, normalmente, é submetido à aprovação de entidades públicas e servirá de orientação para orçamentos e para a construção. A representação do projeto é o assunto principal deste livro.

DETALHES E PROJETOS COMPLEMENTARES

O projeto completo ou projeto executivo deve ser acompanhado de detalhes construtivos (portas, janelas, balcões, armários e outros) e de especificações de materiais e de acabamentos (pisos, paredes, forros, peças sanitárias, coberta, ferragens etc.). Com esses dados, preparam-se o orçamento, o cronograma de obras, os projetos de instalações (elétrica, telefônica, hidrossanitária etc.), o projeto estrutural e o que mais vier a ser necessário.

Todos esses projetos são representados em desenhos ditos "originais", que chegam à obra sob forma de "cópias". Elas são feitas em papel ou arquivadas por meios digitais (HD ou *pen drive*). Os desenhos originais eram guardados em tubos ou em mapotecas, enquanto as cópias eram dobradas e colocadas em pastas.

Quando não há padronização pelos órgãos públicos (em geral, a prefeitura municipal), o tipo de armário para arquivamento definirá o local para colocação do chamado "carimbo", que vem a ser o título e a discriminação do conteúdo da folha de desenho. Para mapoteca vertical, a posição indicada é o canto superior direito da folha ou prancha de desenho, pois trata-se do local mais acessível à vista ao ser aberto o móvel. Quando se utiliza a mapoteca de gavetas, o carimbo será colocado no ângulo inferior direito. As dimensões e os dizeres do carimbo ou título estão indicados no Capítulo 12, item G.

TIPOS DE PAPEL

- Papel opaco: branco ou em cores. Por não serem transparentes, estes papéis são mais utilizados para os desenhos coloridos. Em geral, o anteprojeto é feito nesse tipo de papel para valorizar as cores e a apresentação. As marcas e os tipos mais comuns foram mencionados anteriormente; podemos acrescentar o chamado "papel madeira", o tipo gesso, o cartão, o "guache" e outros que se encontram disponíveis em lojas e papelarias. As dimensões variam: para uns, 50 cm × 70 cm; para outros, 1,00 m × 0,70 m. Ambos com variação, para menos, em torno de 4 cm.

- Papel-manteiga: é o papel vegetal (ver adiante) mais fino, semitransparente e fosco. O tipo brilhante, usado para embrulhar manteiga e frios, em geral, é inadequado para desenho. O papel-manteiga é utilizado para esboços, estudos e detalhes; aceita bem a tinta preta, os lápis HB até F e o hidrocor, mas não se presta para aquarela, aguada e guache. Por se tratar de papel fino, não permite correções no desenho feito a tinta. É vendido em folhas de 1,00 m × 0,70 m ou em rolos de 20 m com largura de 1 m. Seu peso (gramatura) fica na faixa de 10 a 45 g por m^2.

- Papel vegetal: é semitransparente, semelhante ao papel-manteiga, sendo mais espesso; seu peso varia de 50 g/m^2 a 120 g/m^2, sendo o mais usado o de 90 g/m^2. Serve para desenhos a lápis com grafite duro (F, H ou 2H) ou com tinta. Aceita o hidrocor, mas não a aquarela ou o guache. Não deve ser dobrado, pois deixa manchas nas cópias e acaba por rasgar-se. Antes do aparecimento dos meios digitais, era o mais indicado para o desenho de originais por sua resistência ao tempo e por permitir raspagens e correções.

5 Representação digital e analógica

Conteúdo: surge a gráfica computacional. Convivência dos desenhos manuais e digitais. O retorno do esboço na concepção do projeto arquitetônico: por quê?

A ideia da gráfica computacional surgiu na década de 1950 e foi concretizada em 1963, quando Ivan Sutherland demonstrou o uso de computadores em projetos arquitetônicos. Em seguida, não somente as máquinas (*hardware*) se desenvolveram, como foram criados programas (*software*) para áreas como projetos elétricos, iluminação, planejamento econômico e espacial, acústica, comportamento térmico etc. Logo, a gráfica computacional entrou nos currículos universitários (1975) e nos escritórios de arquitetura e de engenharia.

A utilização do computador na fase de concepção do projeto ainda é bastante discutida e controversa, visto que a forma como o computador é estruturado impõe níveis de precisão, rigidez e compromisso que pressionam o arquiteto a tomar decisões antes que ele esteja preparado para fazê-las. O computador também não reflete a ambiguidade, a incerteza e as linhas paralelas do pensamento, que são atividades centrais do processo criativo da fase de concepção do projeto. Lápis e papel são defendidos, por diversos autores, como as ferramentas mais adequadas durante a fase de concepção por favorecerem melhores compreensão e abordagem do problema do projeto.

No entanto, passada essa fase, o uso do computador nas etapas seguintes auxilia enormemente a projetação e apresenta inúmeras vantagens; dentre elas:

- agrega instrumentos como lápis, canetas, régua graduada, compasso, esquadros, régua-tê, prancheta e outros, tornando o processo mais rápido e preciso;
- dá a visão global do projeto, inexistente nos desenhos manuais fragmentados de plantas, cortes, fachadas e perspectivas;
- abre a possibilidade da animação gráfica com o observador circulando dentro ou fora do edifício;
- permite o estudo de alternativas de acabamentos internos e externos (simulação) de modo simples e rápido;
- possibilita grande compatibilidade entre o projeto arquitetônico e os projetos complementares;
- traz facilidade de reprodução e transmissão dos desenhos do projeto.

Hoje, os arquitetos se distinguem entre os que utilizam os *softwares* CAD (*computer-aided design* ou projeto auxiliado por computador) e os que utilizam as ferramentas BIM (*building information modelling* ou modelagem de informação da construção).

Os programas CAD (ainda os mais utilizados pelos arquitetos) auxiliam arquitetos e engenheiros nos seus projetos, contudo, desenhos são apenas representações de elementos por meio de linhas, formas e textos e não associam informações a estes.

Os programas BIM, embora envolvam um maior nível de complexidade em seu aprendizado e sua utilização, apresentam um ganho posterior muito maior. É uma revolução no modo de pensar o projeto, já que o BIM promove a multidisciplinaridade e a integração das informações, uma vez que o projeto é gerado pela modelação orientada por objetos. Para tal, os elementos passam a ser definidos, sendo-lhes atribuído significado semântico e associadas propriedades; assim, quando o arquiteto modela o edifício virtual, toda a informação necessária à representação gráfica (desenhos rigorosos), à análise construtiva e à quantificação de trabalhos e tempos de mão de obra, desde a fase inicial do empreendimento até a sua conclusão, se encontra automaticamente associada a cada um dos elementos. Dessa maneira, ao desenhar uma parede, por exemplo, é possível especificar não apenas seus parâmetros geométricos como espessura, comprimento e altura, mas também detalhes do material que a compõe, propriedades térmicas e acústicas, custos de material e de construção, entre outros, permitindo ao utilizador, inclusive, a introdução de parâmetros a seu critério. Todo o sistema é chamado de paramétrico, pois, no momento que uma alteração é realizada, o *software* BIM automaticamente atualiza todo o projeto em tempo real.

A compatibilização de modelos também é uma das bandeiras do BIM, possibilitando a adequação dos elementos, a identificação de erros e omissões e a interoperabilidade entre sistemas.

Acreditamos, portanto, que estamos indo na direção de um caminho híbrido na utilização de tecnologias, em que reconhecemos a necessidade do uso do lápis nas fases iniciais da concepção do projeto, por ser a ferramenta que melhor alimenta a fluidez do pensamento criativo, e depois passamos para a utilização cada vez maior das tecnologias computacionais nas fases subsequentes do projeto, sempre preocupados com as questões da interoperabilidade e da compatibilização de projetos.[1]

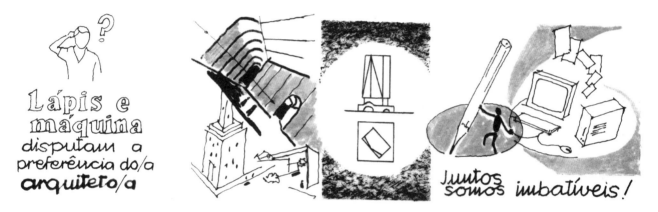

COM A PALAVRA, OUTROS AUTORES

A importância da habilidade manual começou a ser divulgada a partir dos trabalhos de Charles Bell em 1833. Em 1998, o neurologista Frank R. Wilson (*La mano: de cómo su uso configura el cerebro, el lenguaje y la cultura humana*) afirma que "qualquer teoria da inteligência humana que ignore a interdependência entre a mão e a função cerebral [...] é errônea e estéril". Essas pesquisas marcam o ponto de partida de diversos estudos, inclusive na área de arquitetura, tradicionalmente avessa à ideia de criatividade. São exemplos:

- Juhani Pallasmaa, arquiteto finlandês, em *La mano que piensa*, procura sair da armadilha do conhecimento intelectual e verbal da arquitetura e afirma que a habilidade física acarreta atividade mental.

- Paolo Belardi, arquiteto italiano, em *Why architects still draw*, afirma ser um paradoxo que, na era digital, estejamos tentando recuperar aquelas habilidades manuais que há milhões de anos levaram ao aparecimento do *Homo sapiens*. Ele cita Fernando Távora: "O progresso da tecnologia é imprescindível,

---

1 O autor endossa esta redação, que é inteiramente de autoria da professora doutora Gisele Lopes de Carvalho, do Departamento de Expressão Gráfica do Centro de Artes e Comunicação da Universidade Federal de Pernambuco (UFPE).

mas não vamos aposentar o lápis porque o *mouse* e a luva digital dependem [também] da habilidade manual".

- Paul Laseau, arquiteto autor de *Graphic thinking for architects and designers*, foi um dos pioneiros na valorização do esboço, exemplificada por Le Corbusier e Alvar Aalto. Laseau define "pensamento gráfico" como o pensamento auxiliado pelo esboço na fase de concepção de um projeto, quando pensamento e esboços trabalham em conjunto impulsionando o desenvolvimento de ideias que, às vezes, ainda nem estão em nossa mente.

- Jacob Brillhart, arquiteto da Universidade de Miami, autor do artigo publicado na internet *Drawing towards a more creative architecture: mediating between the digital and the analog*, afirma que o desenho manual dá maior acesso ao lado direito do cérebro que o processo digital e cria a base para o pensamento visual.

No Brasil, as arquitetas pernambucanas Rejane Moraes Rêgo, Gisele Lopes de Carvalho e Beatriz Bensabat escreveram teses e monografia em que valorizam o esboço e a criatividade.

6 Escalas numéricas e gráficas

Conteúdo: é possível desenhar uma lâmpada elétrica com suas dimensões reais, isto é, em verdadeira grandeza. Mas como representar um automóvel em suas dimensões reais? Sim, você teria de colar muitas folhas de papel. Desenharia onde? Sobre o piso? Ou colaria numa parede? E se fosse um destes gigantescos prédios de apartamentos da civilização industrial?

ESCALAS NUMÉRICAS

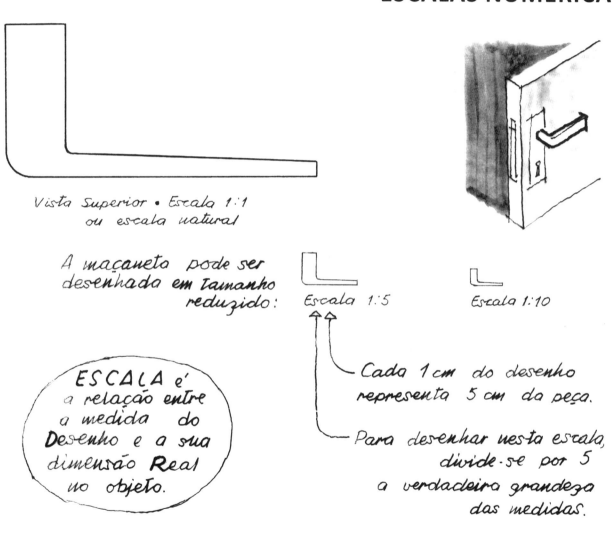

As escalas de redução recomendadas pela NBR 8196/1999 (Representação de projetos de arquitetura) são:

1:5   1:75   1:10   1:2   1:25

1:50   1:100   1:20   1:250

1:500   1:200

Além das escalas de redução, existem as escalas de *ampliação*. As minúsculas peças de um relógio de pulso não podem ser desenhadas na escala natural e, muito menos, na escala de redução. Elas terão de ser ampliadas como na figura a seguir.

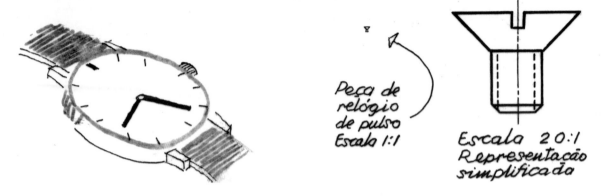

As escalas de ampliação recomendadas são 2:1, 5:1, 10:1, 20:1 e 50:1, de acordo com a NBR 8169/1999, que trata da utilização de escalas em desenho técnico. As escalas de redução e de ampliação são chamadas de *numéricas* ou *métricas*.

As escalas devem ser lidas da seguinte forma: 1:50 – um por cinquenta, 1:25 – um por vinte e cinco, 10:1 – dez por um etc.

Em desenhos antigos, podemos encontrar, por exemplo, a escala de 0,05, que se lê: cinco centésimos. Se fizermos as operações, vamos encontrar: $0,05 = \dfrac{5}{100} = \dfrac{1}{20}$, ou seja, 1:20 na notação atual.

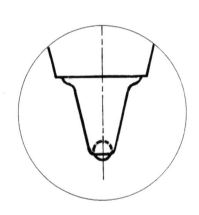

Quando se faz redução ou ampliação fotográfica de um desenho, sua escala fica alterada. Uma casa desenhada na escala de 1:50, quando reduzida para 75% de seu tamanho, ficará representada na escala de 1:66,6 = 1:50 × 0,75. Deve-se, assim, ter o cuidado de conferir as escalas numéricas indicadas em cópias, livros e revistas. Esse trabalho será dispensável quando o desenho vem acompanhado de *escala gráfica*.

ESCALA GRÁFICA
é a representação da escala numérica.

A escala gráfica correspondente a 1:50 é representada por segmentos iguais de 2 cm, pois 1 metro ÷ 50 = 0,02 m = 2 cm.

O primeiro segmento à esquerda é dividido em 10 partes iguais a fim de permitir a leitura de grandezas que possuem UM ÚNICO algarismo decimal.

Imaginemos um desenho que tem ao lado a escala gráfica; ao serem ambos reduzidos ou ampliados por processo mecânico, para qualquer tamanho, suas dimensões serão lidas imediatamente, bastando copiar numa tira de papel a escala gráfica ao lado da figura e superpô-la ao desenho.

A escala gráfica desenhada anteriormente é uma *escala simples*. Admitindo desenhada essa escala de 1:20, não teríamos condição de marcar com precisão a medida de 1,75 m, pois a escala apresenta *uma única decimal* e a medida dada possui *duas* delas. Nesses casos, podemos recorrer à *escala de transversais*.

Como construir a escala de transversais para 1:20? Inicialmente, desenhamos a escala simples, sendo, neste caso, a divisão principal igual a 5 cm ou 1:20 = 0,05 m = 5 cm. Fazemos traços verticais para baixo de cada uma das divisões e, neles, marcamos um segmento *qualquer* a ser dividido em dez partes iguais por meio de retas horizontais. Transportamos as dez divisões do primeiro segmento da escala simples para a horizontal do extremo inferior. Ligamos por linhas oblíquas, ou *transversais*, cada divisão da horizontal superior com a divisão *anterior* na horizontal inferior. Está concluída a escala de transversais.

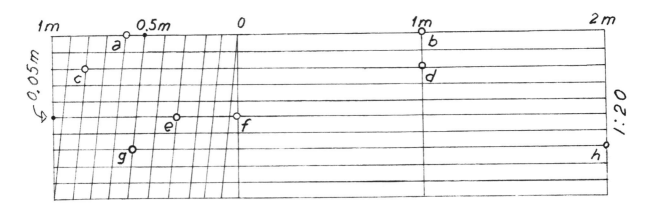

A leitura da escala se faz com base em:

- divisões que representam a unidade de medida ou número inteiro;
- divisões do primeiro segmento da escala simples que correspondem a décimos (1:10) do inteiro;
- horizontais que correspondem a centésimos (1:100) do inteiro.

Assim, temos:

- O segmento **ab** representa 1,60 m;
- O segmento **cd** corresponde a 1,82 m, sendo o algarismo 1 lido na divisão principal, o 8 na divisão decimal superior e o 2 na segunda horizontal (c) que corresponde a 2 centésimos;
- O segmento **ef** mede 0,35 m;
- O segmento **gh** mede 2,57 m.

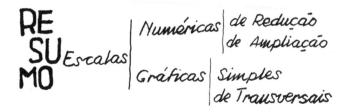

Cada folha de desenho trará em seu título as escalas utilizadas nas figuras, ficando em destaque a escala principal. Além disso, cada desenho terá sua respectiva escala indicada junto a ele.

1. Uma rua está desenhada com 12 mm de largura e mede 24 m. Qual a escala do desenho?
2. Num projeto desenhado em escala de 1:50, a altura de um prédio mede 18 cm. Qual é a verdadeira grandeza dessa altura?
3. Uma sala mede 6,20 m × 3,80 m. Em desenho feito na escala de 1:50. Quais serão as medidas da sala em centímetros?
4. Um objeto foi desenhado no formato A2 e em escala de 1:25. O desenho é, em seguida, reduzido para o formato A4. Qual é a escala de redução desses formatos? Qual é a nova escala do desenho? Qual é o comprimento em centímetros, na redução, de uma aresta do objeto que mede 4,20 m em sua verdadeira grandeza?
5. Construir a escala de transversais para o título de 1:25 e, nela, assinalar os comprimentos gráficos correspondentes a 2,93 m, 1,38 m e 0,45 m.
6. Construir a escala gráfica de 1:20.000 e indicar os comprimentos de 1.870 m e 1.710 m.
7. Representar, na escala de 1:10, os formatos de A1 até A4 (medidas disponíveis no Capítulo 3).

Respostas

1. Medida no desenho: D = 12 mm

   Medida real: R = 24 m =   24.000 mm

Escalas numéricas e gráficas

    Portanto: D   12   1
                            R   24.000   2.000

    Resposta: escala de 1:2.000.

2. 9 m.

3. Sala de 12,4 cm × 7,6 cm.

4. Redução de 1:2 nas medidas (formatos), portanto, 1:4 nas áreas: escala de 1:50; comprimento de 8,4 cm.

5.

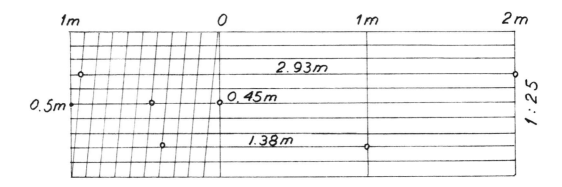

6.

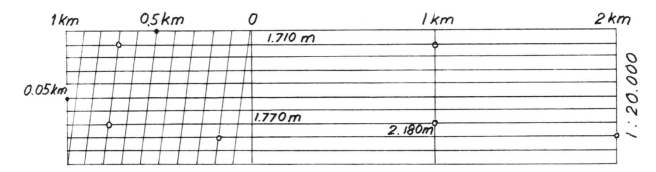

7.

        A1

A2	A3

	A4	A4

7 Caligrafia técnica

Conteúdo: tipos de caligrafia. O desenho técnico exige boa apresentação e não dispensa letras e algarismos. Normas Técnicas.

Há dois tipos de letras e algarismos usados nos desenhos:

- Fantasia: usada em embalagens, publicidade etc.

- Técnica: também chamada tipo bastão.

ABCDEFGHIJKLMNOPQRSTUVWXYZ 01
abcdefghijklmno pqrstuvwxyz 23456789

As letras complementam as figuras e, por isso, serão feitas depois de concluído o desenho.

Para o desenho de letras regulares, obedecendo a um padrão, usa-se o *normógrafo* (ver Capítulo 1).

A norma para representação de projetos de arquitetura ou NBR 6492/1994 recomenda que a dimensão das entrelinhas e a altura das letras seja igual ou superior a 2 mm.

Essas normas não são compatíveis com as da NBR 8402 (Execução de caractere para escrita em desenho técnico), que apresenta dois modelos de caligrafia: um deles não é encontrado em produtos comercializados e o outro é de tipo pessoal.

Voltemos às normas da NBR 8402/1994: a caligrafia inclinada não é recomendada e a altura mínima é de 3 mm, sendo essa medida adotada para o espaçamento de linhas.

Quando fora de normas, no DESENHO de letras usa-se...

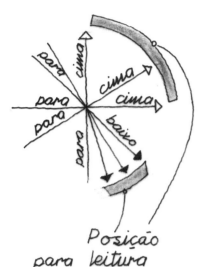

Posição para leitura mais cômoda

Espessura do traço } 1/6 da altura

Espaçamento entre
... letras   2/10 h
... palavras   6/10 h
... linhas   14/10 h

Quando feitas à mão livre, dá-se preferência ao tipo **inclinado**, no qual pequenos desvios são menos visíveis.

No tipo vertical, logo se percebem as falhas.

Inclinação 15° 30° 45° 75°

Evitar letras muito GRANDES que tendem a aparecer mais do que o próprio desenho.

DESENHO SIMPLIFICADO DE LETRAS

① Defina a altura das letras maiúsculas.

② Divida a altura em 3 partes iguais, trace a pauta e acrescente 1/3 para baixo.

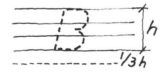

③ O corpo das letras minúsculas ocupa 2/3 da altura...

... e a perna ou a haste ocupa 1/3 para cima ou para baixo.

④ A maioria das letras é traçada a partir de uma oval.

Exceções →

Para o desenho de letras de tamanho grande, devem-se traçar quadrículas, como nos exemplos a seguir, conforme a NBR 8402/1994.

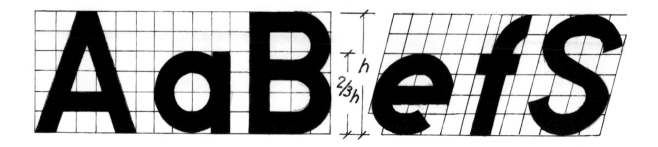

No desenho feito a lápis, pode-se usar espessura mais fina que a recomendada.

Um dos melhores exercícios para o desenhista habituar-se a traçar letras e algarismos com rapidez e regularidade é decalcar em papel-manteiga textos impressos em jornal ou revista.

Somente depois de conhecer bem o traçado das letras normalizadas é que o desenhista técnico ou projetista deve partir para criar sua "caligrafia" própria, se optar por não adotar a caligrafia padronizada.

8 Cotas e dimensionamento

Conteúdo: onde e como colocar as medidas do objeto desenhado? Regras e exemplos. Os erros mais comuns. Um teste para sua capacidade de observação.

Os desenhos de arquitetura, como todo desenho técnico, devem trazer corretamente indicadas todas as suas medidas. Medida errada ou mal indicada pode dar prejuízos e aborrecimentos.

A unidade usada é o *metro* ou o milímetro, menos utilizado. O centímetro é reservado para medidas inferiores a 1 m. Nos três casos, a cota é escrita *sem o símbolo* da unidade de medida (m, mm ou cm). Quando se utiliza o metro, os algarismos relativos a milímetros são escritos sob forma de expoente, como se viu no Capítulo 1.

A seguir, aparecem indicações corretas de cotas. As cotas devem ser escritas acompanhando a direção das linhas de cota. Qualquer que seja a escala do desenho, as cotas representam a verdadeira grandeza das dimensões. É importante evitar o cruzamento de linhas de cota. Os algarismos das cotas são colocados *acima* da linha de cota quando a linha é contínua; se a linha é interrompida, a cota ocupa o espaço desta interrupção.

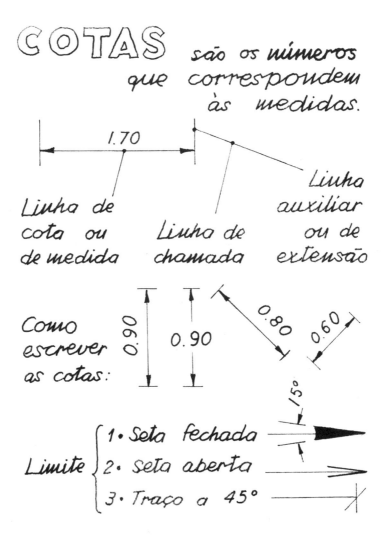

Existem regras para a utilização de cotas:

- as cotas de um desenho devem ser expressas em uma única unidade;
- uma cota não deve ser cruzada por uma linha do desenho;
- as linhas de cota são desenhadas paralelas à direção da medida;
- a altura dos algarismos é uniforme dentro do mesmo desenho. Em geral, usa-se 2,5 mm a 3 mm de altura;
- no caso de divergência entre cotas da mesma medida em desenhos diferentes, prevalece a cota do desenho feito em escala maior. Por exemplo: se houver divergência de cotas numa medida indicada nas escalas de 1:10 e 1:200, será válida a cota escrita no desenho feito na escala de 1:10.

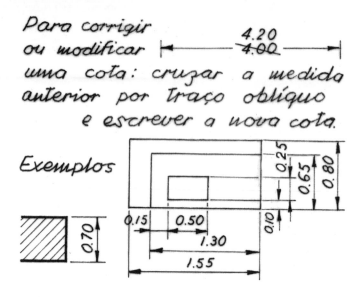

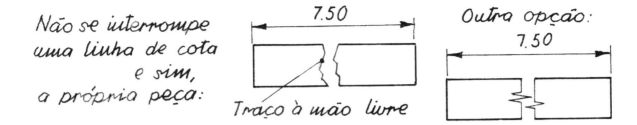

EXERCÍCIO

Teste sua capacidade de observação na figura a seguir, anotando os erros existentes. Em seguida, faça um desenho corrigindo todos os erros.

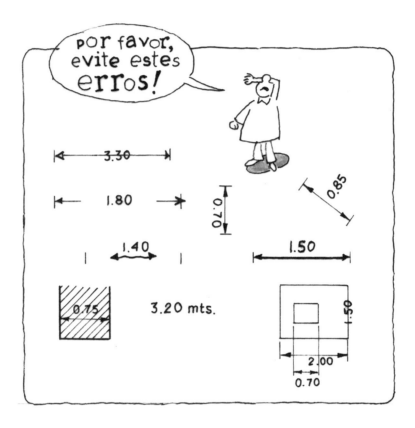

Respostas

Respostas lidas da esquerda para direita e de cima para baixo:

1. A medida 3,30 está cruzada por linha de cota.

2. Os algarismos de 1,80 estão muito afastados da linha de cota. A seta da esquerda é diferente daquela da direita.

3. A cota 0,70 deve ser escrita de baixo para cima e à esquerda da linha de cota de modo a ser lida pelo lado direito desta página.

4. A cota 0,85 deveria ser escrita paralelamente à linha de cota ou com interrupção dela.

5. A linha de cota correspondente a 1,40 está desenhada com traço grosso; as setas deveriam ter suas extremidades sobre as linhas auxiliares.

6. A cota de 1,50 deveria ter sua linha de cota em traço fino.

7. A cota de 0,75 deveria ser escrita fora da figura ou encaixada dentro de um balão não hachurado (traços paralelos).

8. Em 3,20, a abreviatura de metro será m, letra minúscula sem ponto final, sem **t** e sem **s**! Trata-se de lei metrológica brasileira.

9. No último desenho, a cota de 1,50 está cruzada por uma linha da figura. As linhas auxiliares da cota de 0,70 cruzam a cota de 2,00, e as medidas 2,00 e 0,70 estão colocadas abaixo da linha de cota, e não acima.

9 Sistemas de representação

Conteúdo: representação convencional da geometria descritiva apresentada de modo abreviado. Definição dos termos técnicos utilizados. Exercício para avaliação.

As **PROJEÇÕES ORTOGONAIS** da Geometria Descritiva são utilizadas no Desenho Arquitetônico; apenas os <u>termos técnicos</u> mudam.

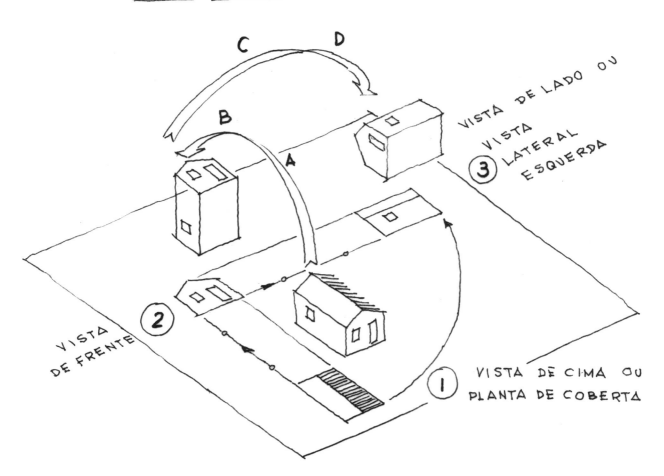

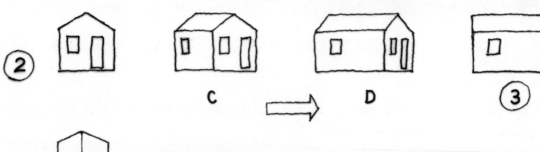

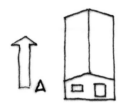
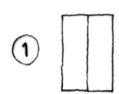

Nestas figuras, bem como nas anteriores, tudo se passa como se a casa fosse movimentada da posição 1 para 2, passando pelas posições A e B. Em seguida, a casa passa da posição 2 para C, depois para D e, finalmente, para 3.

A figura anterior está representada, aqui, em projeções ortogonais. Em geometria descritiva, a posição 1 seria a projeção horizontal e a 2, a projeção vertical. A linha de terra não foi desenhada. A posição 3 corresponde à projeção sobre o plano de perfil. Os desenhos 1, 2 e 3 são exatamente os mesmos em geometria descritiva e em desenho arquitetônico; apenas os termos técnicos são diferentes.

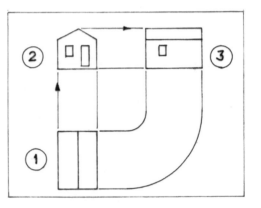

Um objeto pode, eventualmente, ficar claramente representado por uma só projeção, porém muitos objetos somente ficam bem representados e entendidos por meio de *três* projeções ou vistas. Há objetos ou casas que somente ficam corretamente definidos mediante a utilização de maior quantidade de vistas. As figuras que seguem mostram quais seriam as demais vistas.

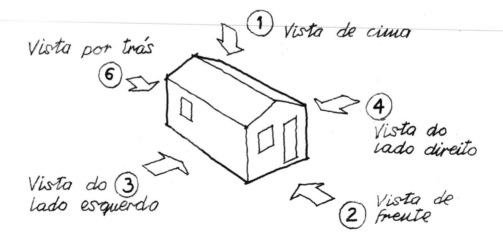

Sistemas de representação

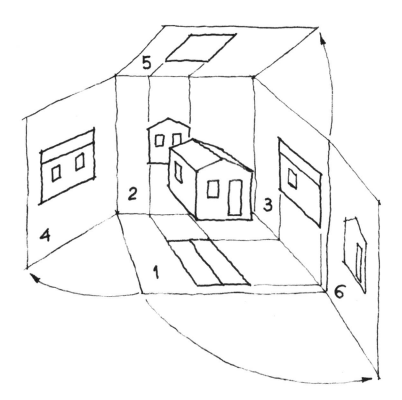

A NBR 10067/1995 estabelece a *convenção*, também usada pelas normas alemãs, francesas, italianas, russas e outras, em que se considera o objeto a representar envolvido por um cubo, como na figura anterior. O objeto é projetado sobre cada uma das faces do cubo e, em seguida, o cubo é aberto ou *planificado,* obtendo-se as seis vistas. A sequência e a disposição dessas seis vistas estão a seguir.

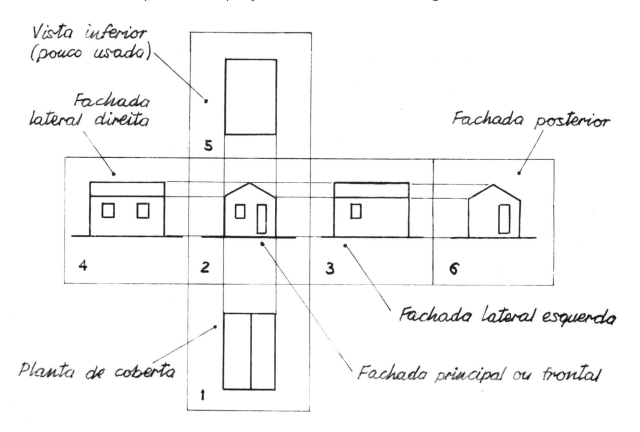

A prática mostra que essas *ordenação* e *colocação* das vistas – embora *importantes* como racionalização – não podem ter maior rigor no desenho arquitetônico, pois os desenhos costumam ser feitos em folhas separadas. Por esse fato, simplifica-se ou abrevia-se aquela convenção: na figura a seguir, o observador, colocado fora da casa, vê a frente da casa na posição ou seta 2. Quando o observador caminha para o seu *lado esquerdo*, passa a ver a casa no sentido da seta 3. Continuando a andar em volta da casa ou do objeto, terá a vista por trás (6) ou vista posterior. Ao prosseguir seu caminho, chegará ao lado direito da casa (4) e, daí, retorna ao ponto de partida. Em resumo: as vistas ou fachadas laterais direita e esquerda referem-se à *direita e à esquerda do observador* colocado fora da casa.

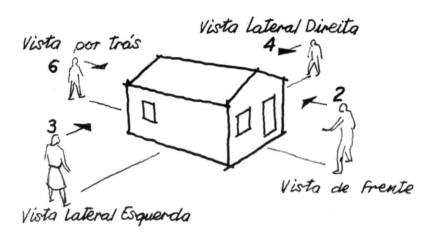

EXERCÍCIO

Apresentamos dois projetos, sendo cada um deles representado por duas perspectivas. O leitor desenhará cada projeto na escala de 1:100 com planta de coberta, fachada principal, duas fachadas laterais e fachada posterior.

Utilizar papel no formato A3 ou de 35 cm × 25 cm. Sugere-se esboçar previamente o croqui à mão livre e em escala de todas as plantas e fachadas com a indicação das medidas dadas. Ainda que a maior parte dessas medidas esteja indicada nas perspectivas, devem-se tolerar eventuais divergências entre os desenhos do leitor e as respostas apresentadas.

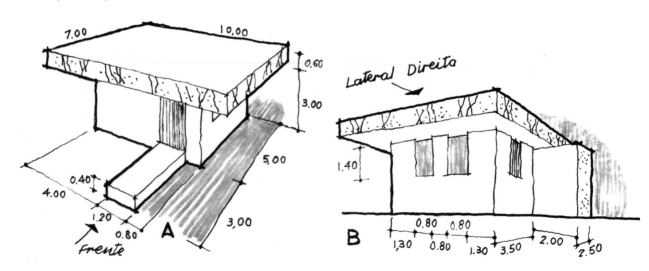

Sistemas de representação

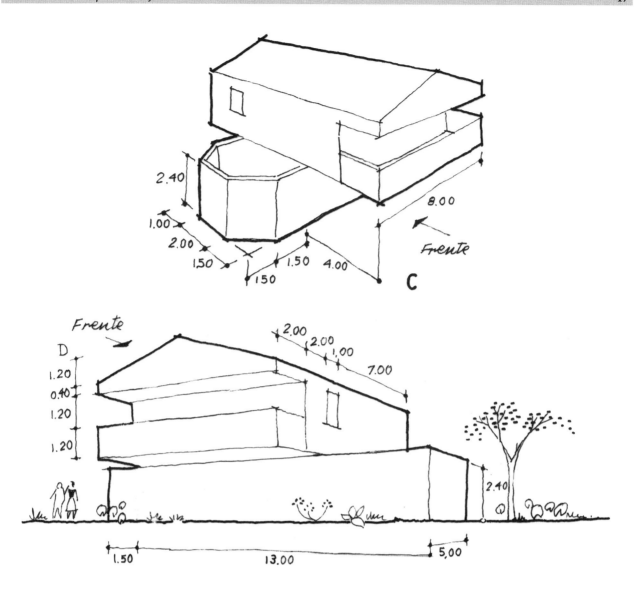

Respostas

Este exercício é *difícil*! Se seu traçado não coincide com as respostas, refaça o trabalho corrigindo eventuais divergências.

Atenção: as plantas e as fachadas mostradas foram feitas de acordo com as convenções do desenho arquitetônico, assunto a ser estudado a seguir. Portanto, os desenhos do leitor serão feitos, nesta etapa, com uma única espessura de traços.

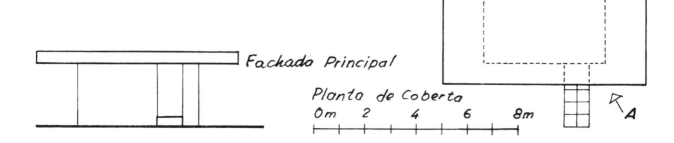

Desenho arquitetônico

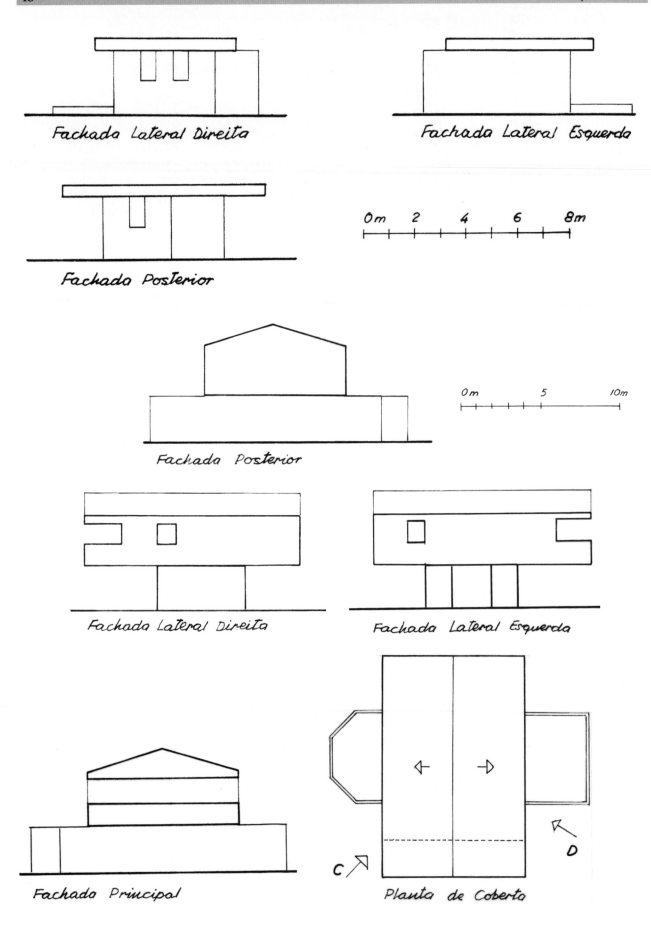

10 Representação de um projeto

Conteúdo: planta baixa e de coberta, de locação, de situação, cortes, convenção de traços, corte e seção, corte "quebrado" e fachada em desenvolvimento.

PLANTA DE COBERTA

A *planta de coberta* ou vista superior (posição 1 nos desenhos do capítulo anterior) é um dos tipos de planta ou projeção sobre o plano horizontal. Os mais utilizados são:

- planta de coberta;
- planta de locação;
- planta baixa;
- planta de situação.

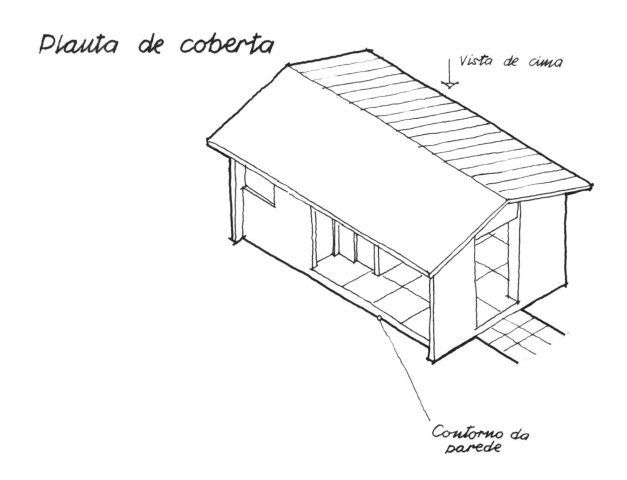

A planta de coberta, em geral, é desenhada na escala de 1:100 ou de 1:200. Quando há necessidade de detalhes, usamos a escala de 1:50.

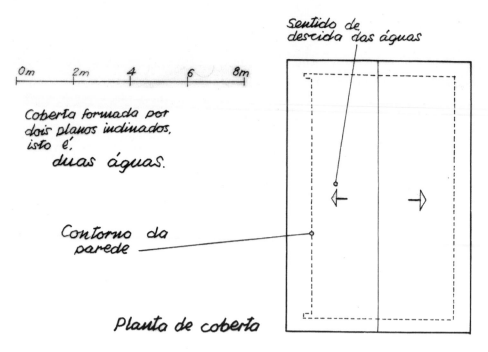

Como se trata de vista superior, o observador vê, em primeiro lugar, a coberta. Nessas figuras, a coberta avança além das paredes, de modo que seu contorno não é visível do alto. Assim, ele é desenhado com traços interrompidos, curtos e finos.

A planta de locação, ou simplesmente a locação, não se limita à construção. Ela mostra muros, portões, árvores existentes ou a plantar, calçada ou passeio, pontos de referência e construções vizinhas. O Capítulo 12 dará outras informações.

A planta de locação serve como ponto de partida para a marcação ou locação da construção no terreno. As recomendações que fizemos sobre as escalas das plantas de coberta são aplicáveis às plantas de locação.

No desenho ao lado, observa-se que os afastamentos são medidos do *eixo* do muro até a parede. Não seria correto indicar o afastamento entre o muro e o telhado ou coberta, pois as paredes serão construídas *antes* da coberta.

Além dessa sequência da construção, pode-se admitir pequena variação na colocação das telhas sem maiores consequências, o que não ocorre com a posição de paredes.

Escala gráfica

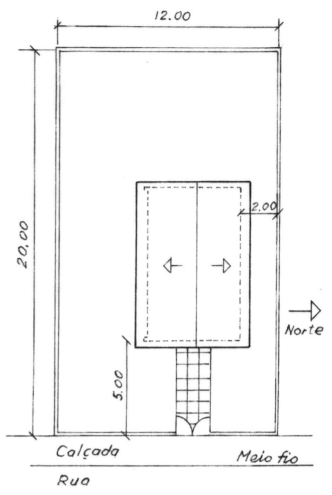

Planta de locação e de coberta

Planta baixa

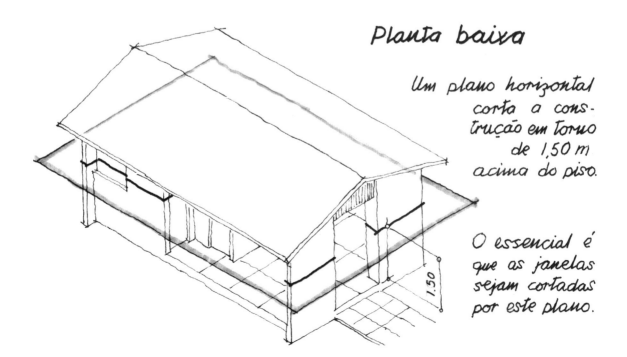

Um plano horizontal corta a construção em torno de 1,50 m acima do piso.

O essencial é que as janelas sejam cortadas por este plano.

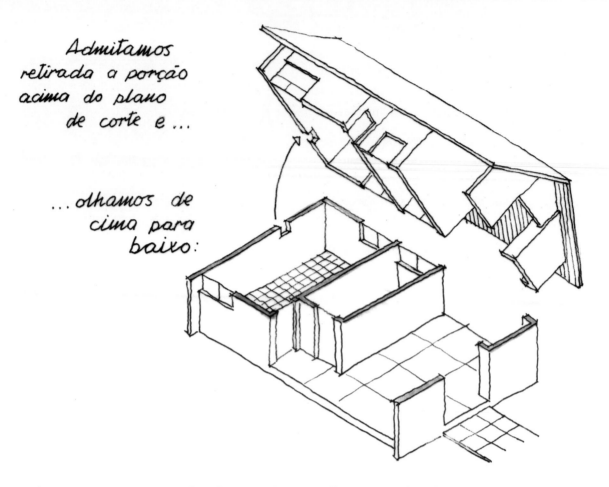

Admitamos retirada a porção acima do plano de corte e...

...olhamos de cima para baixo:

Consideremos, agora, apenas o plano horizontal de corte (figura abaixo). Nele estão paredes, portas e janelas. No desenho técnico, a representação da planta é a da figura da página seguinte. Nela, acrescentamos (não é obrigatório!) o quadriculado correspondente aos pisos do terraço e da sala.

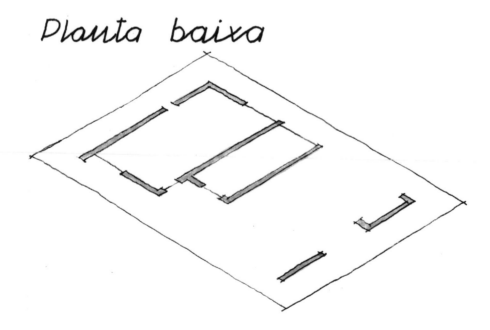

Planta baixa

Na maioria dos desenhos de projetos arquitetônicos, predomina a escala de 1:50. Quando se trata de projeto em que existem poucas paredes e grandes vãos, pode-se usar a escala de 1:100 detalhando, na escala de 1:20 ou de 1:25, os ambientes que se repetem (módulos) ou as partes mais complexas.

Quando se torna necessário indicar, numa planta baixa, os materiais de acabamento, pode ocorrer que o compartimento desenhado seja pequeno para conter a lista de materiais. A chamada "planta falada" é um desenho no qual se especificam materiais, cores, acabamentos etc.; ela será melhor estudada no Capítulo 12.

PLANTA DE SITUAÇÃO

A planta de situação indica a forma e as dimensões do terreno, os lotes e as quadras vizinhas, as vias de acesso e outros dados que estão listados no item E do Capítulo 12. Em geral, elas são desenhadas na escala de 1:500, 1:1.000 ou 1:2.000 e abrangem área relativamente extensa.

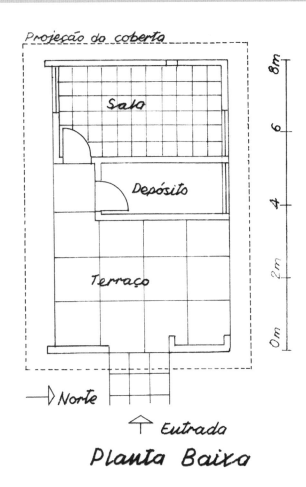

Planta Baixa

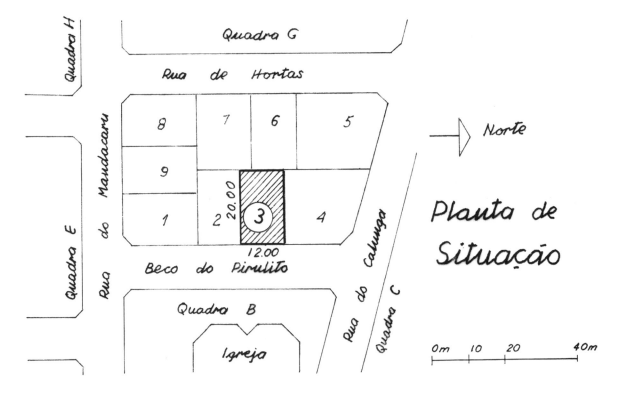

Planta de Situação

Nos casos em que as plantas e as fachadas não bastam para mostrar as divisões internas do projeto, recorrem-se aos *cortes* feitos por planos verticais.

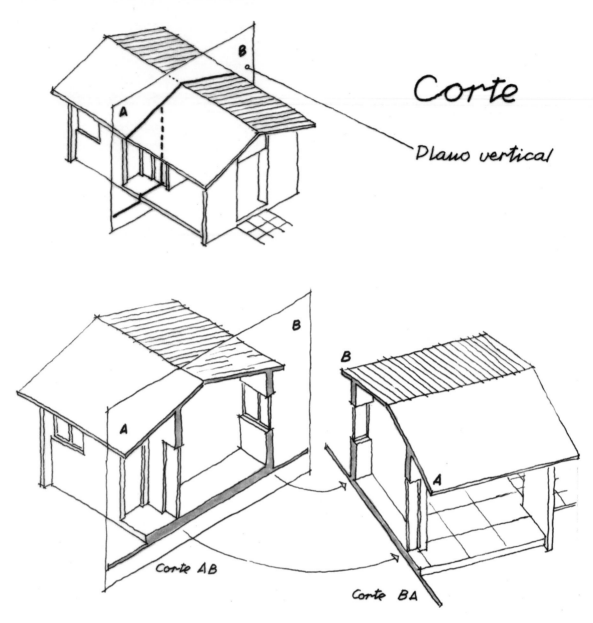

Na figura acima, está o plano AB em que aparecem, com *traço mais grosso*, as partes cortadas (ou seccionadas) pelo dito plano vertical. Mais adiante do plano AB, avista-se uma porta e, em seguida, uma porção de parede – no lado direito da figura –, ambos correspondentes ao depósito.

Este desenho mostra a parte que foi "retirada" para permitir a observação do corte AB, desenhado na sequência. Na representação daquela parte removida, teremos o corte BA, sendo a primeira letra à esquerda do observador e a segunda à direita. A seguir, o corte BA está desenhado no canto inferior direito. Optar pela indicação de corte como AA' ou BB' não é boa solução, pois a prática profissional mostra a ocorrência de equívocos quando o sinal ' for confundido com um borrão ou ponto na cópia.

Representação de um projeto

No desenho do corte, começamos pela planta já traçada e, nela, marcamos a posição do plano vertical AB: dois traços curtos e um longo à esquerda e à direita da planta, correspondendo a A e B. As partes atingidas pelo corte são levadas (ver setas) até a linha de terra LT e prosseguem para cima. Acima da LT, marcam-se as alturas do piso, das portas, das paredes e do telhado. A sequência do trabalho é mostrada no Capítulo 12, item B.

Na prática profissional, evitamos desenhar as linhas de chamada por cima da planta baixa. Como? Estando a planta já traçada (geralmente, é o primeiro elemento a ser desenhado num projeto), marcamos a posição do corte e colocamos um pedaço de papel-manteiga sobre a planta.

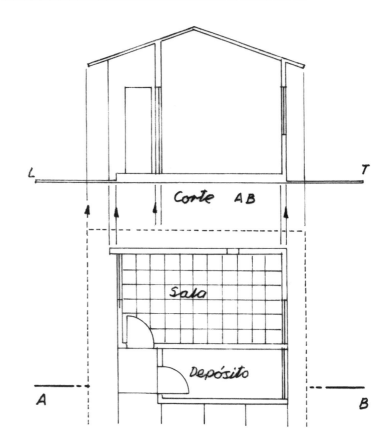

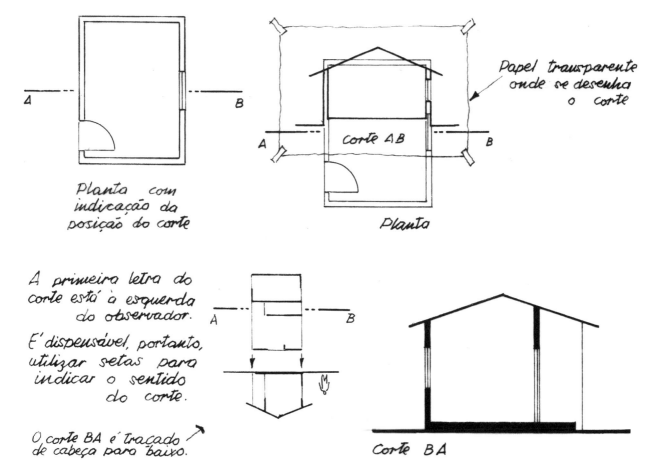

O desenhista deve familiarizar-se com termos técnicos a fim de entender a linguagem de arquitetos, engenheiros e mestres de obras.

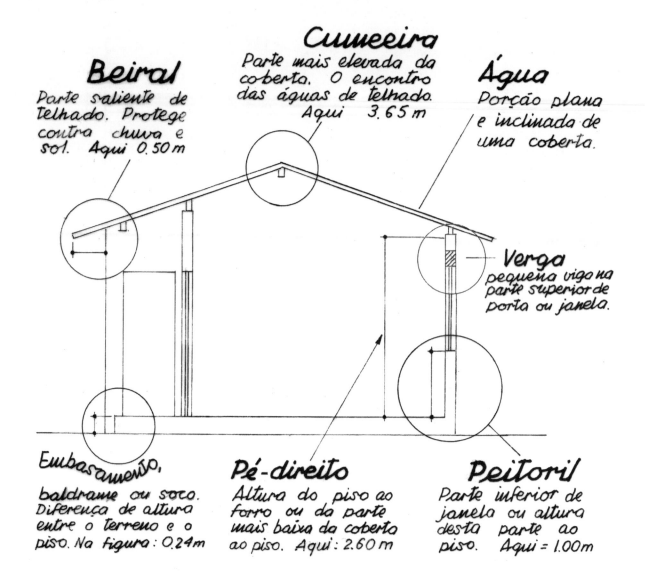

Cumeeira Parte mais elevada da coberta. O encontro das águas de telhado. Aqui 3.65 m

Beiral Parte saliente de telhado. Protege contra chuva e sol. Aqui 0,50 m

Água Porção plana e inclinada de uma coberta.

Verga pequena viga na parte superior de porta ou janela.

Embasamento, baldrame ou soco. Diferença de altura entre o terreno e o piso. Na figura: 0,24 m

Pé-direito Altura do piso ao forro ou da parte mais baixa da coberta ao piso. Aqui: 2,60 m

Peitoril Parte inferior de janela ou altura desta parte ao piso. Aqui = 1,00 m

Convenção para os traços nos cortes

Os elementos cortados pelo plano são feitos com **traço grosso**. Nas partes restantes, usa-se traço fino.

A PLANTA BAIXA é um corte. Assim, esta convenção vale também para as PLANTAS BAIXAS.

Exemplos e explicações: Cap. 11 e 12.

A figura ilustra outros termos técnicos. A terminologia das normas brasileiras, embora coincida com a de muitos países, é diferente daquela em uso por cartórios e prefeituras, por exemplo. Assim, quando a norma fala de fachada lateral esquerda, o cartório diz "lado direito", tanto para o lote como para a casa. A mesma confusão existe para o lado direito e podemos nos dar por felizes, pois os termos técnicos e jurídicos coincidem quando se trata de frente e de fundo.

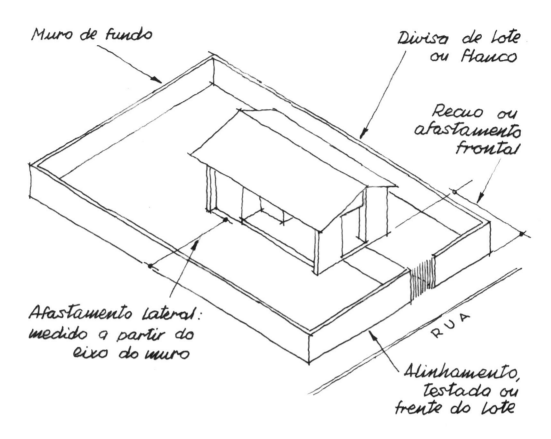

No desenho de prancheta, é costume desenhar as fachadas em papel-manteiga colocado sobre a planta, como visto anteriormente. A seguir, temos a disposição das fachadas e da planta seguindo as regras da geometria descritiva. Nota-se a presença de linhas de chamada, de projetantes e de rotações, assim como o uso da convenção de traços.

Disposição das fachadas conforme a Geometria Descritiva

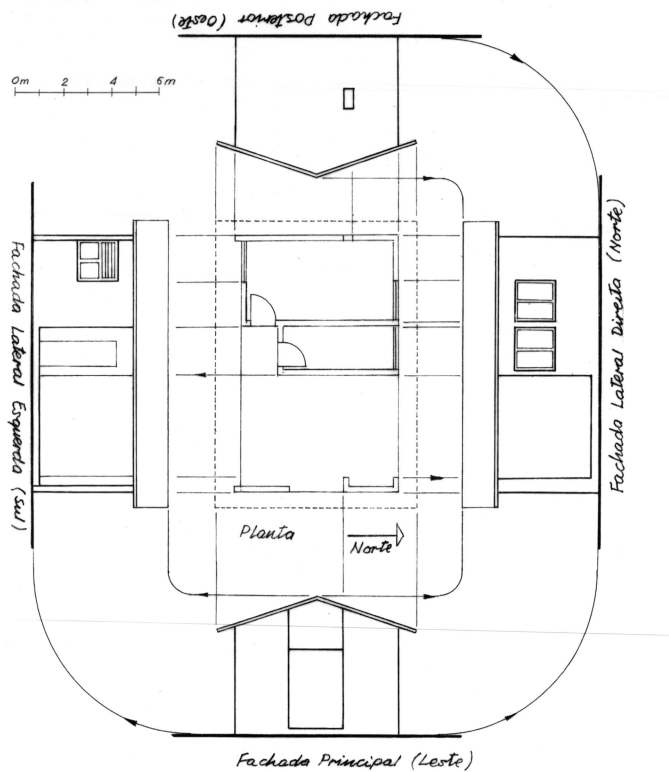

Representação de um projeto

A escolha da posição para os cortes depende de vários fatores. O corte deve mostrar as alturas de portas e de janelas, a altura do forro (pé-direito), a inclinação ou declive da coberta e outros detalhes. As repartições públicas encarregadas de examinar os projetos costumam fazer exigências sobre a localização dos cortes. Por exemplo: eles devem passar pela escada mostrando os degraus; outro deve alcançar os sanitários e por aí vai. Enfim, a experiência será a melhor conselheira.

Livros antigos mencionam o corte transversal (corresponde ao AB das figuras anteriores) e o corte longitudinal, que são perpendiculares entre si. Entretanto, numa casa de planta quadrada, qual seria o corte transversal? Não há critério racional para defini-lo, mas, supondo-o definido, surge a necessidade de marcar a posição do corte na planta, que será indicada por letras consecutivas. Logo, é redundante falar de corte transversal AB, pois corte AB tem o mesmo conteúdo.

É comum a confusão entre *corte* e *seção*. A rigor, são *representações diferentes* da mesma operação de cortar ou seccionar. Assim, seção é a representação da parte seccionada, como na figura a seguir. Corte será a representação dos elementos seccionados acrescida das partes vistas adiante do plano de corte, como no corte AB. No caso de planta de forma não regular, mostrada a seguir, o corte pode tornar a representação um tanto complexa; em tais casos, sugere-se desenhar a seção.

Corte e seção podem parecer assunto complexo num primeiro contato. Não haverá prejuízo se forem estudados mais adiante.

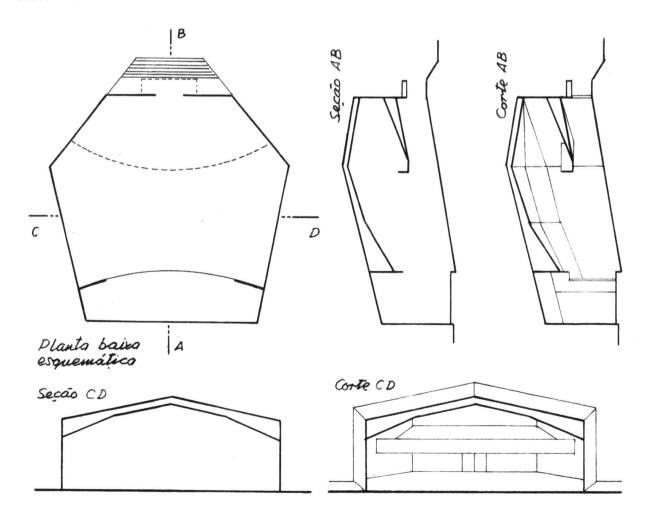

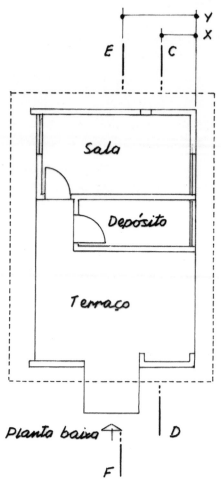

Há casos em que se torna conveniente reduzir a quantidade de cortes – sem prejuízo da compreensão do projeto – fazendo uso do chamado "corte quebrado". O exemplo que se apresenta não justifica o corte quebrado, pois serve apenas para ilustrar o modo de operar. Inicialmente, admitiremos desenhados:

1 – Planta baixa   2 – Corte AB
3 – Corte CD   4 – Corte EF

Os cortes CD e EF são desenhados como exemplificado no corte AB, anteriormente. Logo, faremos as etapas a seguir.

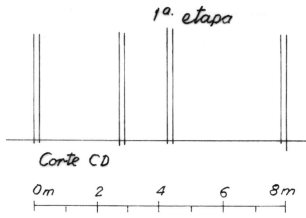

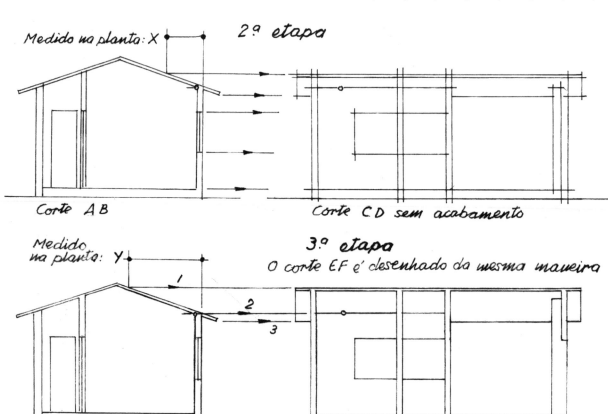

A planta mostra a posição do corte GH, desenhado com traço grosso fora da planta e com traço fino dentro da planta, ambos com trecho longo, pequeno intervalo e dois traços curtos. O corte GH é soma dos cortes CD (parcial) e EF (também parcial). Com a prática, o corte GH será desenhado sem que sejam traçados os cortes CD e EF, como no exemplo ora apresentado.

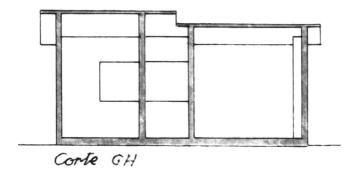

Corte GH

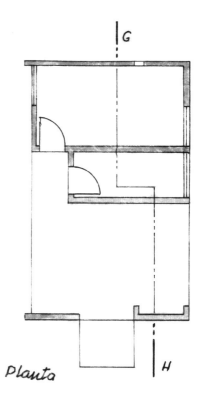

Planta

Em desenhos antigos, representava-se o alicerce ou fundação abaixo da linha do terreno. Com o hábito corrente de preparar projeto estrutural, o alicerce ou fundação deixa de figurar no projeto arquitetônico.

Outro caso é a *fachada em desenvolvimento*. O termo vem da geometria descritiva e significa planificar ou tornar plana, desenvolver ou desdobrar a superfície de uma figura sobre plano único. No Capítulo 9, vimos o desenvolvimento do cubo dos planos de projeção. Essa ideia é aplicada na representação de fachadas quando a planta é irregular e apresenta trechos curtos e oblíquos.

No exemplo ao lado, o desenho das fachadas A, D e G seria normal; entretanto, as fachadas B, C, E e F representam, isoladamente, trechos de pequena extensão. Assim, a fachada A será representada com o trecho B à sua direita; e a fachada D será desenhada com B + C à sua esquerda. Podemos, igualmente, fazer a fachada G em desenvolvimento, tendo F à esquerda. São alternativas corretas, pois evitam trechos curtos de fachadas em desenhos isolados. Isso é diferente de fachadas perpendiculares entre si, como no exemplo da fachada N.

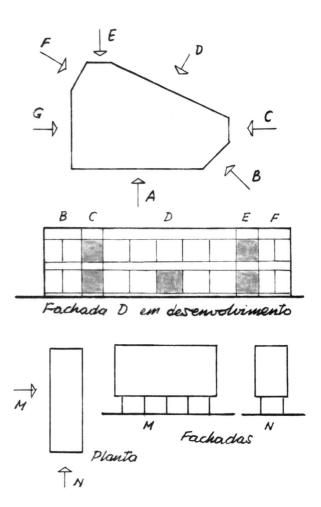

11 Símbolos gráficos

Conteúdo: símbolos gráficos para portas, janelas, paredes, peças sanitárias, móveis, balcões, veículos etc. Como há alternativas, convém conhecer sua origem e seu significado para adequada escolha.

O desenho arquitetônico, por ser feito em escala reduzida e abranger áreas relativamente extensas, recorre a *símbolos gráficos*. Um lavatório, por exemplo, pode ser desenhado nas escalas de 1:1 ou 1:5 com detalhes, porém parte deles não pode ser representada na escala de 1:50. Seria trabalhoso e inútil, uma vez que o objeto pode ser *simbolizado* por figura esquemática. Esse fato repete-se muitas vezes no desenho de um projeto: em bacias sanitárias, portas e janelas, telhados, balcões etc.

É imprescindível que o desenhista conheça os símbolos gráficos do desenho arquitetônico, bem como as dimensões reais dos objetos caseiros. A princípio, há dificuldade de decorar tantas medidas; com a repetição, todas ficarão gravadas na memória. Muito ajuda, nesse sentido, medir cada objeto cujos símbolos são apresentados em seguida.

PAREDES

Observe os cortes desenhados nos Capítulos 10 e 12. Eles são diferentes mesmo quando feitos na mesma escala. Os do Capítulo 12 correspondem à convenção habitualmente utilizada por arquitetos e desenhistas. Ambas são corretas; trata-se de escolha pessoal utilizar esta ou aquela convenção.

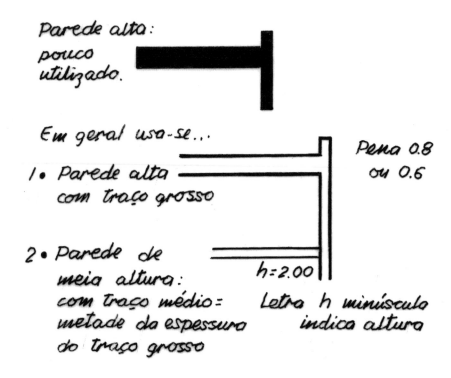

Símbolos gráficos

Quando desenhadas na escala de 1:100 ou de 1:200, as paredes podem ser traçadas "cheias", como se vê nos cortes do capítulo anterior. Contudo, na escala de 1:100, há quem prefira usar traços com 0,4 mm ou 0,3 mm de espessura; assim está no Capítulo 20. Ocorre que, na escala de 1:200, essa opção se mostra impraticável; teremos de desenhar as paredes "cheias" a menos que se trate, por exemplo, de construção antiga, de grossas paredes e robustos pilares.

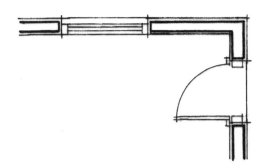

Outra apresentação para projetos é exemplificada a seguir. Faz-se o contorno de paredes, a lápis ou a tinta, com traço fino e pinta-se o intervalo deles (alvenaria) com hidrocor ou lápis colorido aplicado no verso do papel vegetal. A beleza do colorido soma-se à economia de tempo, pois o desenhista usa espessura única de traços, uma vez que o contraste é dado pelo colorido (substituído aqui por cinza).

A norma brasileira endossa, em trabalhos a lápis (por que a restrição à tinta?), o traspasse de linhas como é praticado em escritórios de arquitetura em desenhos feitos a lápis ou a tinta. Aliás, nas cópias, eles pouco diferem.

A NBR 6492/1994, que trata da representação de projetos de arquitetura, não é clara a respeito da convenção para paredes. O desenho acima copia um dos exemplos dessa norma, embora as penas não sejam indicadas. Aparentemente, a norma não levou em conta a legibilidade, o efeito estético, a rapidez de execução e a uniformidade de traços nos desenhos feitos à mão.

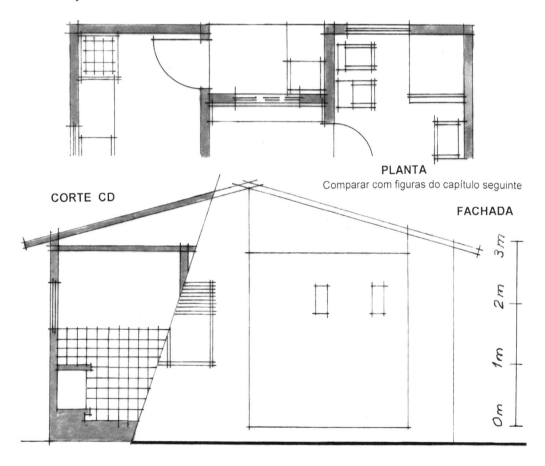

Deve-se ter o cuidado de utilizar cores resistentes à água, a fim de evitar manchas, e de verificar que a tonalidade das cópias não corresponde à cor original.

Portas

PORTA DE GIRO

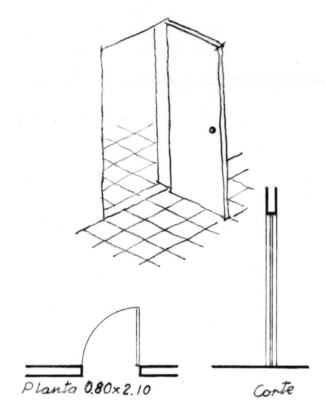

Planta 0,80 x 2,10   Corte

Planta   Exterior   Corte

Espessura de traços
na escala de 1:50:
 grosso   0.6/0.8mm
 médio   0.25/0.3
 fino   0.1/0.2

DE CORRER OU CORREDIÇA

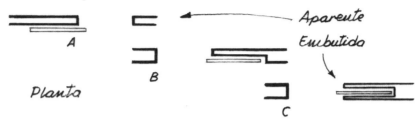

PANTOGRÁFICA

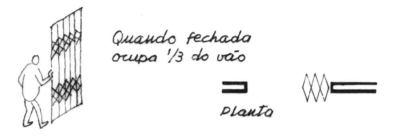

PIVOTANTE

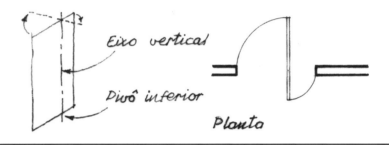

BASCULANTE

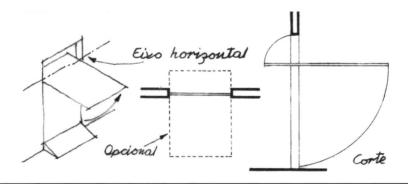

DE ENROLAR

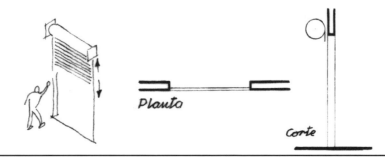

Janelas

Em geral, o plano horizontal da planta corta as janelas e, para isto o plano pode ser IMAGINADO como sendo "FLEXÍVEL".

Mais abaixo do plano horizontal são vistos os traços que correspondem à parte inferior da janela.

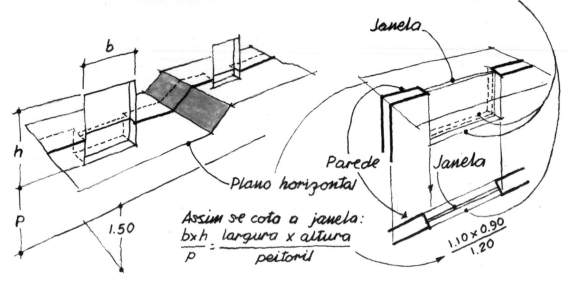

Assim se cota a janela:
$$\frac{b \times h}{p} = \frac{\text{largura} \times \text{altura}}{\text{peitoril}}$$

1.10 × 0.90
—————
  1.20

A janela ALTA, isto é, a que tem peitoril maior do que a altura da porta, não é cortada pelo plano da planta. Por esta razão ela é desenhada TRACEJADA, pois suas arestas não são visíveis, tal como o beiral na planta baixa (Ver o capítulo anterior).

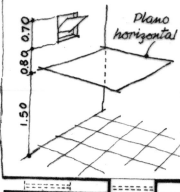

0.70 × 0.70
—————
   2.30

↑ Coerente... ...correto.

? ← Não é lógico! Traços de mesma altura tendo representação diferente.

TIPOS DE JANELAS ⟹

Nem sempre o movimento da janela é indicado na planta. Alguns tipos podem ser representados nos cortes:

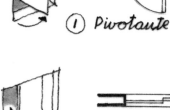

① Pivotante

② Corrediça

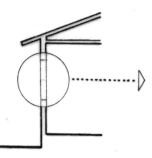

③ De guilhotina   ④ Basculante

Não devemos aceitar o uso dos termos vasculante, basculhante, basculejante.

Peças Sanitárias

LAVABO OU LAVATÓRIO

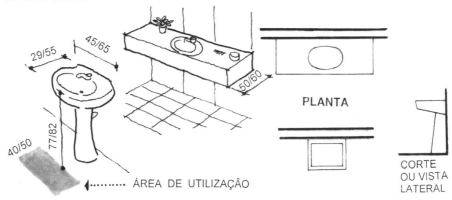

BACIA SANITÁRIA

BIDÊ OU BIDÉ

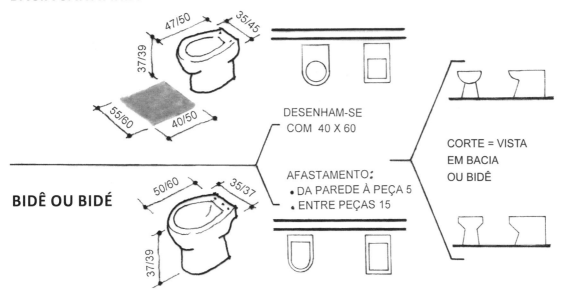

DESENHAM-SE COM 40 X 60

AFASTAMENTO:
- DA PAREDE À PEÇA 5
- ENTRE PEÇAS 15

CORTE = VISTA EM BACIA OU BIDÊ

CHUVEIRO E BANHEIRA

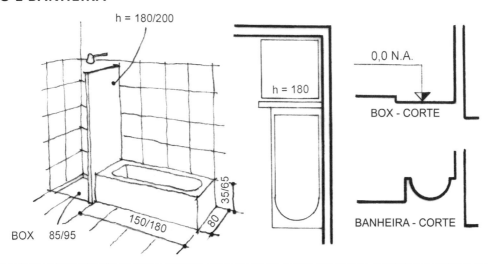

CADEIRA

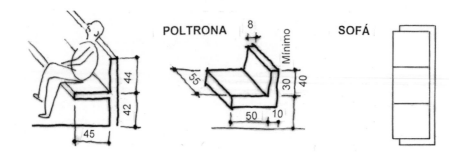

MESA

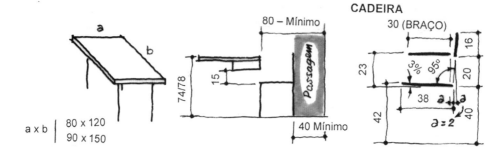

TELEVISÃO E *SPLIT*

CAMA

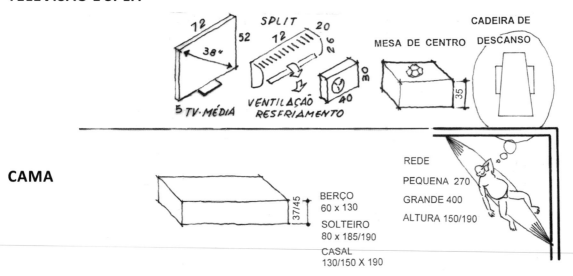

GUARDA-ROUPA

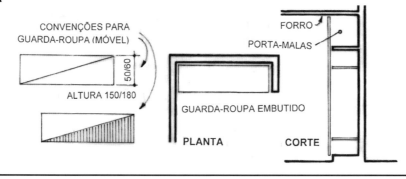

Símbolos gráficos

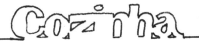

BALCÃO COM CUBA

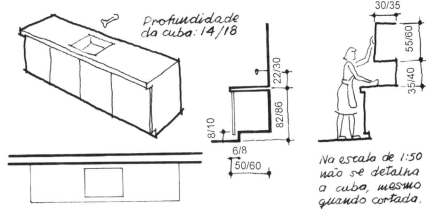

FOGÃO A GÁS

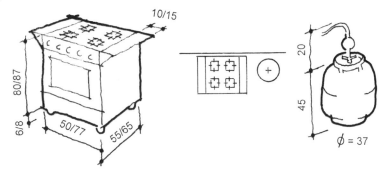

REFRIGERADOR

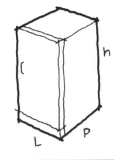

	L	P	h
REFRIGERADOR	60/75	66/72	130/173
FREEZER	40/60	65/70	125/170
FRIGOBAR	48/52	55/60	65/70

FORNO E FILTRO

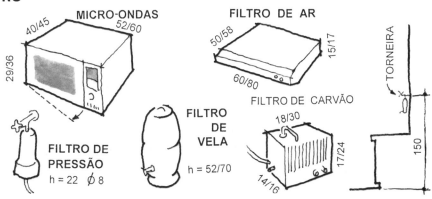

Serviços

LAVA-ROUPA

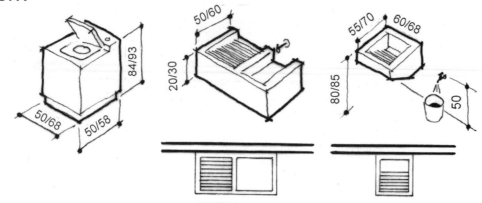

BANCADA

PARA ENGOMAR

SERVIÇOS

LAVA-LOUÇA

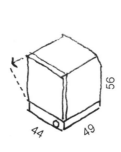

MÓVEL

DE EMBUTIR

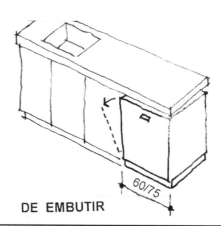

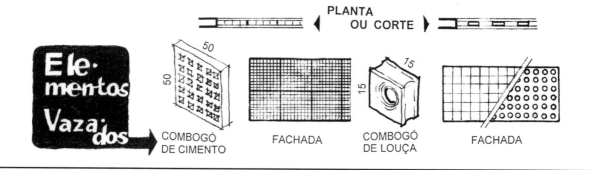

PLANTA OU CORTE

Elementos Vazados → COMBOGÓ DE CIMENTO — FACHADA — COMBOGÓ DE LOUÇA — FACHADA

Veículos

MOTOCICLETA E BICICLETA

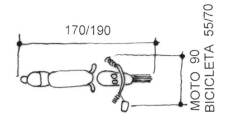

AUTOMÓVEL

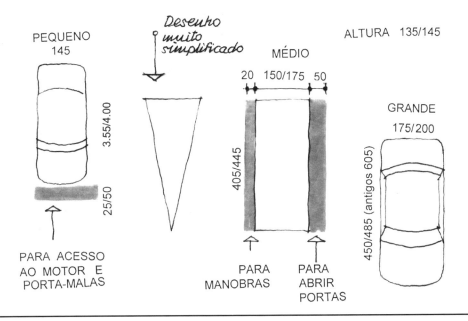

CAMINHÃO

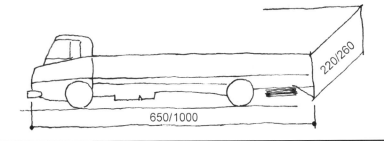

ÔNIBUS

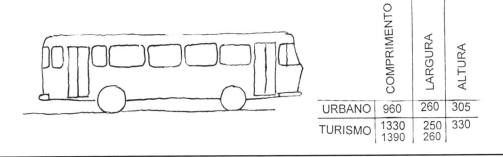

	COMPRIMENTO	LARGURA	ALTURA
URBANO	960	260	305
TURISMO	1330 1390	250 260	330

O desenho arquitetônico – na situação ideal – tende para uma linguagem universal. Para isto, ele recorre a símbolos. Um símbolo gráfico deve ser:

- *único*, isto é, diferente de qualquer outro e tendo características próprias;
- *simples* de ser desenhado (comodidade) e compreendido;
- *semelhante* ou aproximado com o objeto representado;
- *racional*, portanto, justificado pela lógica;
- um *sinal* (aviso) para orientar trabalho posterior, seja no projeto complementar, no orçamento, na montagem ou na construção.

Tudo deve ser analisado na escolha de um símbolo ou notação convencional. Trata-se, pois, de uma opção que poderá ser pessoal ou ter o endosso de normas técnicas.

Fica bem claro, portanto, que os símbolos apresentados anteriormente são uma *escolha* entre os *mais utilizados* por profissionais de várias regiões. Seria absurdo pretendê-los imutáveis e infalíveis ou, no outro extremo, pessoais. Isto lembra a situação que ocorre na língua falada: com o tempo e o uso geral, a gramática incorpora usos que antes eram considerados vulgares ou errados. Uma exceção é o latim, que há séculos não muda. Por quê? Porque é uma língua morta! O desenho arquitetônico, como coisa viva e usada, está sujeito a mudanças.

PORTA

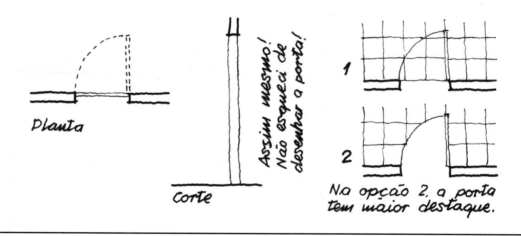

JANELA

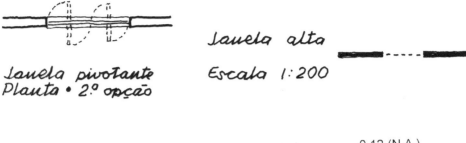

N = NÍVEL   A = ACABADO   O = OSSO

COTA DE PISO

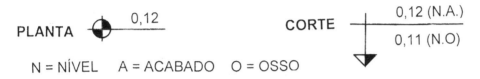

N = NÍVEL   A = ACABADO   O = OSSO

+Convenções, explicações e alternativas

PAREDE ALTA/BAIXA

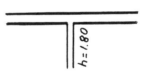

BEIRAL

PLANTA DE COBERTA

LIMITE DE FIGURA

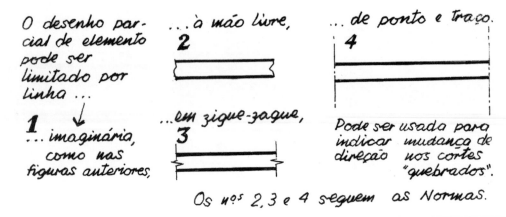

O desenho parcial de elemento pode ser limitado por linha...

1. ...imaginária, como nas figuras anteriores,
2. ...à mão livre,
3. ...em zigue-zague,
4. ...de ponto e traço.

Pode ser usada para indicar mudança de direção nos cortes "quebrados".

Os nºs 2, 3 e 4 seguem as Normas.

NORTE

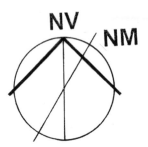

Os arquitetos costumam usar a imaginação, até para criar setas.

A Norma propõe esta:

ESCADA

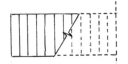

Será estudada adiante. Saiu de uso a antiga convenção, aliás sem lógica:

Escala 1:100

Observe nas plantas a seguir, nas escalas indicadas, as simplificações feitas nos símbolos gráficos. O leitor poderá desenhar esta planta na escala de 1:50 e acrescentar cortes, quatro fachadas e planta de coberta, utilizando as convenções apresentadas anteriormente.

Símbolos gráficos 75

12 Etapas do desenho

Conteúdo: sequência dos desenhos – por onde começar e como organizar o trabalho.

As técnicas de desenho e a sequência do traçado são elementos importantes para obter eficiência e qualidade. Há quem não ligue para esses detalhes, desenhando de qualquer maneira, mal e devagar, em geral. O profissional competente sabe que um trabalho bem feito depende de bons instrumentos e da *correta aplicação* deles. Este é o fator humano e depende essencialmente de nós mesmos.

Cabe a cada um fazer o trabalho limpo e bem apresentado ou tentar empurrar serviço desleixado e sujo. Eu escrevi *"tentar empurrar"*, pois um serviço malfeito pode ser aceito eventualmente, mas o trabalho seguinte será entregue a outro profissional. Culpa-se, muitas vezes, a pressa. Ela é realmente uma quase constante, quer nos serviços do arquiteto, quer nos serviços do desenhista. Mas ela não justifica todas as falhas! O desenhista competente é *bom* e *rápido*, pois são qualidades compatíveis. Desculpas são fáceis, entretanto, um serviço bem feito deve passar por cima de todos os obstáculos. Chama-se a isso ter pulso, "raça", garra, caráter... Seja o que for, não está à venda em bancas de revistas...

(Muito bem! Palmas... Acabou o sermão.)

A • PLANTA BAIXA

1ª FASE

1. Marcar o contorno externo do projeto.
2. Desenhar a espessura das paredes externas.
3. Desenhar as principais divisões internas.

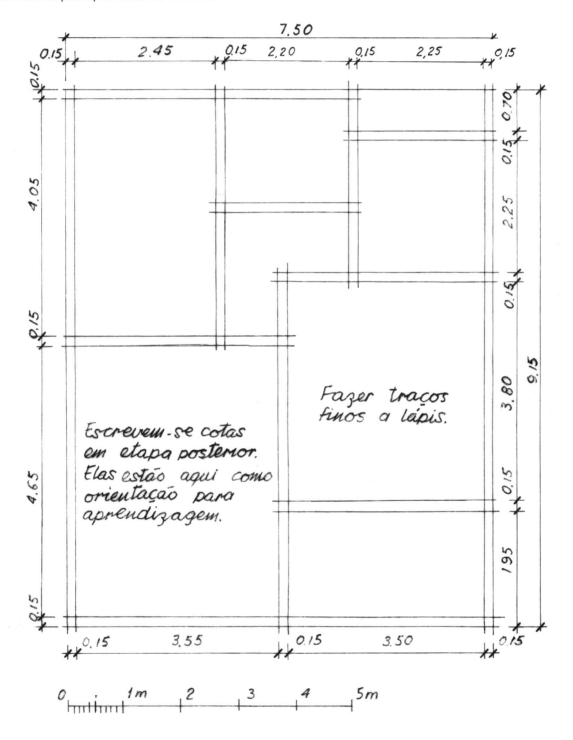

2ª FASE

4. Desenhar portas e janelas.
5. Desenhar equipamentos: balcão, bacia etc.
6. Apagar os excessos das linhas traçadas.
7. Desenhar a projeção da coberta.

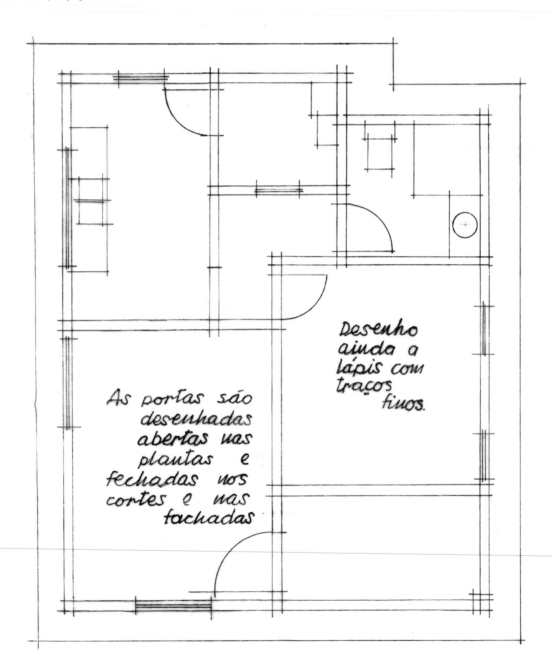

3ª FASE

8. Desenhar as linhas tracejadas.
9. Acentuar a espessura de traços nas paredes.

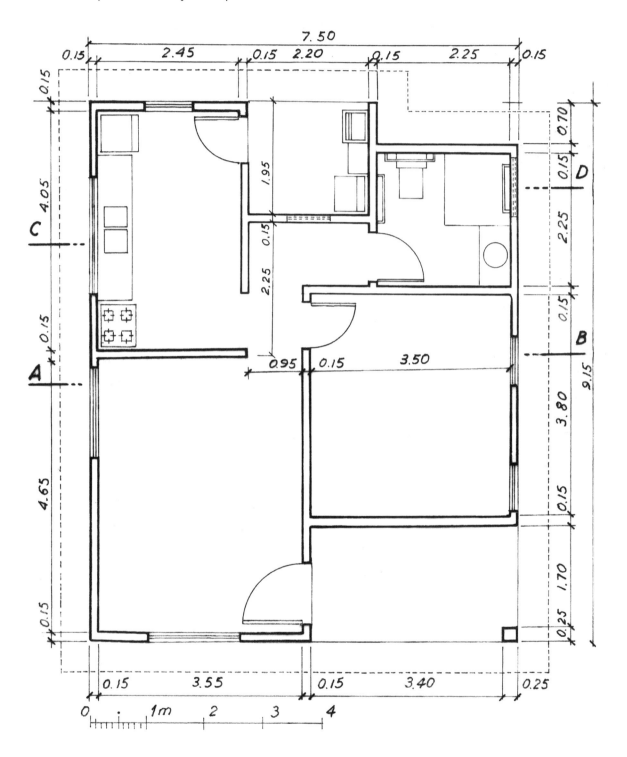

4ª FASE

10. Colocar linhas de cota e cotar.

11. Escrever os nomes dos ambientes.

12. Indicar a posição dos cortes, a entrada, o Norte.

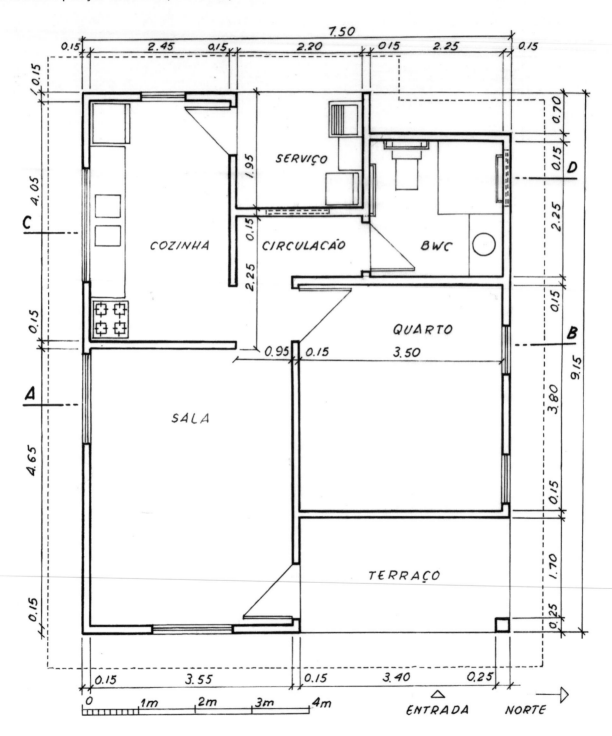

PARA DESENHAR A TINTA

Fazer a lápis todo o traçado na mesma sequência desde o número 1 até o 11, dispensando apenas a 3ª fase ou os números 8 e 9.

Agora, com tinta: fazer as partes curvas, os arcos etc. Em seguida, fazer os números 8 a 12 da figura anterior.

B • CORTES

1. Colocar papel-manteiga sobre a planta.
2. Desenhar a linha do terreno.
3. Marcar a cota de piso (embasamento) e traçar.
4. Desenhar as paredes externas e marcar suas alturas.
5. Desenhar o forro.
6. Desenhar o limite da coberta ou telhado.
7. Desenhar as paredes internas cortadas pelo plano.
8. Marcar as portas e as janelas seccionadas.
9. Desenhar os elementos que são vistos adiante do plano de corte. Exemplo: portas e janelas não seccionadas.
10. Colocar linhas de cota e cotar.
11. Repassar os traços a lápis ou tinta na ordem:

    a. traços finos (em todo o desenho);

    b. traços médios;

    c. traços grossos.

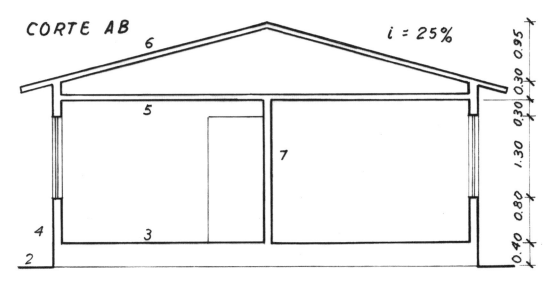

Em qualquer desenho, fazer todo o traçado a lápis. Ao começar o desenho a tinta, seguir o roteiro da página anterior, fazendo:

a • Linhas curvas   *b • Linhas oblíquas*
c • Linhas verticais   *d • Linhas horizontais*

↓↑↑↑ da esquerda para a direita e de baixo	1 → de cima
	2 → para baixo e
	3 → da esquerda
1 2 3 4 para cima.	4 → para a direita.

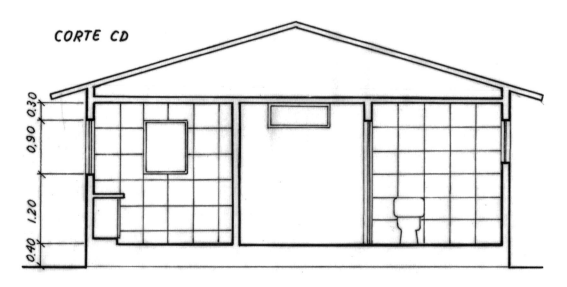

Concluídos os desenhos feitos com tinta sobre papel vegetal, os traços do lápis (sobras) devem ser apagados.

C • FACHADAS

1. Serão feitas *depois* de desenhados os cortes.

2. Desenhar a linha do terreno e marcar as medidas horizontais (ver Capítulo 10).

3. As medidas relativas a alturas serão transportadas dos cortes para as fachadas.

4. Fachadas *não* levam linhas de cota.

5. Repassar os traços finos transformando-os em médios ou grossos, atendendo à convenção.

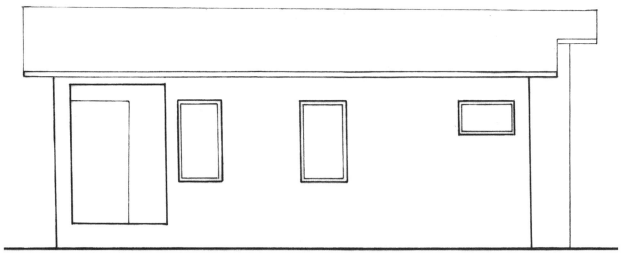

FACHADA NORTE

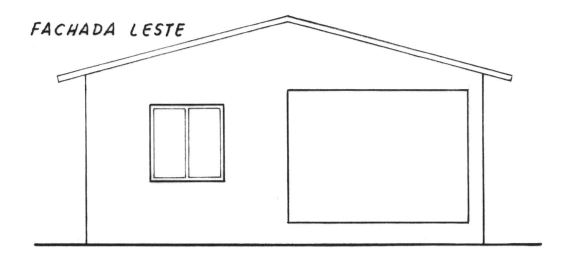

FACHADA LESTE

D • PLANTA DE LOCAÇÃO

A *planta de locação* deve informar:

- dimensões do terreno;
- árvores existentes e a plantar;
- eixos do projeto, quando modulado;
- escala;
- declive de rampas;
- ângulos e arcos;
- áreas (ver adiante);
- orientação;

- passeio (calçada para pedestres);
- recuos e afastamentos (laterais, de frente e de fundo);
- redes de eletricidade, gás, água e esgotos;
- curvas de nível, platôs, taludes e cotas com referência de nível (RN).

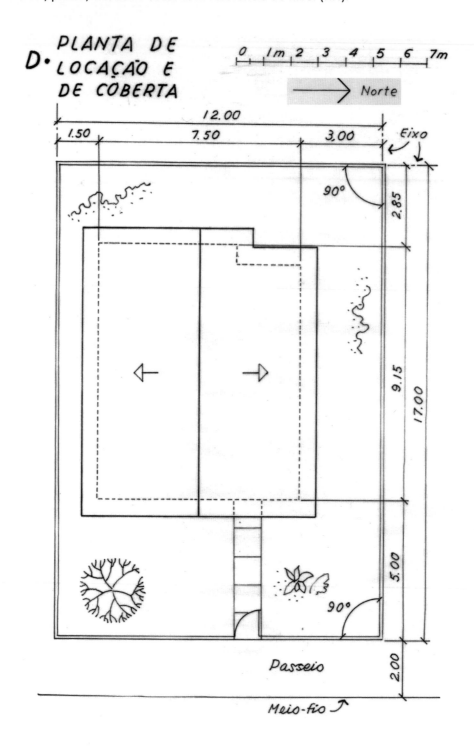

Escalas mais usadas: 1:500 e 1:1.000. Usam-se também as escalas de 1:50 ou 1:200.

E • PLANTA DE SITUAÇÃO

A *planta de situação* indica:

- terrenos vizinhos (lote e quadra);
- vias de acesso;
- orientação;
- curvas de nível existentes e projetadas;
- área do terreno;
- contorno e dimensões do terreno;
- escala;
- construções projetadas, existentes e a demolir.

Desenhar do geral para o particular, ou seja, do maior para o menor.

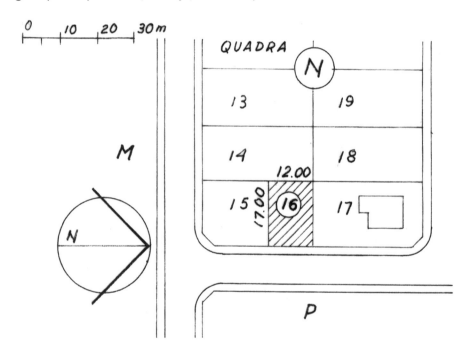

F • CÁLCULO DE ÁREAS

Cada repartição que analisa o projeto tem exigências próprias[1] sobre áreas e índices, como calcular e quanto pagar por licenças. No exemplo anterior, temos:

Área do terreno = 204,00 m²

Área de construção = 66,94 m²

---

[1] São leis e regulamentos cheios de entrelinhas, interpretações e ardis que convém conhecer bem a fundo.

G • DISTRIBUIÇÃO DOS DESENHOS NAS PRANCHAS

Em projetos de reduzida área de construção – desde que não haja restrição nas posturas municipais –, pode-se utilizar prancha única, como no exemplo a seguir.

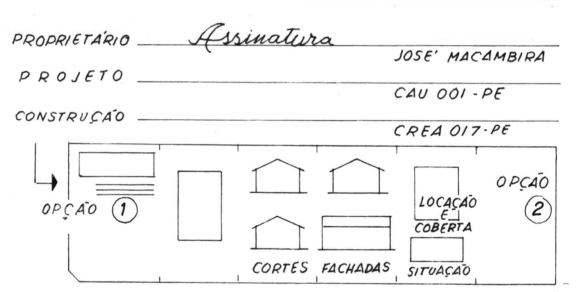

A identificação recebe, na gíria profissional, o nome de "carimbo", exemplificado aqui. O espaço abaixo do "carimbo" é reservado para a burocracia: carimbos oficiais, vistos, aprovações, registros, protocolos etc.

Em projetos que exigem várias pranchas, elas são desenhadas na sequência que mostramos, ainda que, *posteriormente*, sejam numeradas em outra ordem, como:

1. Situação.
2. Locação.
3. Plantas baixas.
4. Cortes.
5. Fachadas.
6. Planta de coberta.

Etapas do desenho

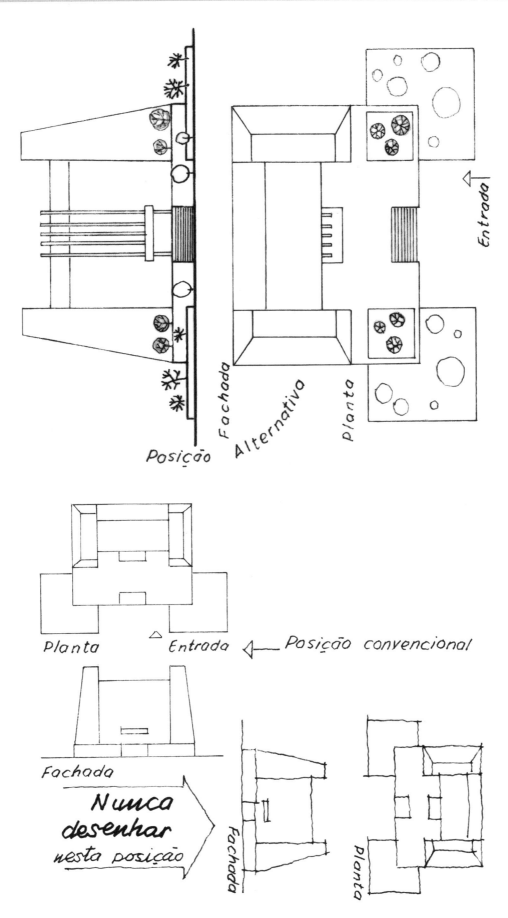

Nos projetos em que a planta baixa, por suas dimensões, tenha de ser distribuída em várias pranchas, deve-se ter o cuidado de apresentar a planta completa – menor e simplificada ou abreviada – de modo que se tenha, rapidamente, ideia do conjunto.

Quando um desenho, seja qual for seu conteúdo – planta, corte ou fachada –, não pode ser encaixado na posição convencional que indicamos, deve-se adotar a alternativa das representações da página anterior.

H • VERIFICAÇÃO

Verificar, minuciosamente, traços, cotas, áreas e tudo o mais antes de imprimir cópias. As cópias são tiradas em grande quantidade, de modo que o erro fica difícil de ser corrigido. Deve-se verificar, ainda, a "orthographya", digo, a ortografia para evitar barbaridades como "cosinha", "ante-projeto", "garage", "sita" ("casa sita à rua..."), "basculhante", "mts" (em lugar de m ou de metros), "faixada", "dezenho", "living" etc.

I • ESPECIFICAÇÕES

As especificações de materiais e de acabamentos podem ser indicadas: piso, revestimento de parede, forro, pintura e outros detalhes. É o que se chama de *planta falada*, em geral feita na escala de 1:20 ou 1:25.

A especificação detalhada pode ser feita nos desenhos. Costuma-se fazê-la abreviada e complementada pelo "Caderno de encargos". Há diversas modalidades de especificar nos desenhos. Seguem-se amostras.

1 – Utilizando letras e algarismos. Ver exemplo a seguir. Estabelece-se código ou convenção:

A – Piso	1 – Cimentado
B – Rodapé	2 – Cerâmica
C – Soleira	3 – Gesso
D – Parede	4 – Lambri de madeira
E – Pintura	5 – Tinta lavável
F – Forro	6 – Fluorescente
G – Iluminação	7 – Azulejo colorido
H – Balcão	8 – Mármore

Assim, A8 significa piso de mármore; E5 corresponde à pintura com tinta lavável etc. O conjunto letra + algarismo será escrito em cada dependência ou ambiente. Nesse caso, a planta irá acompanhada da convenção.

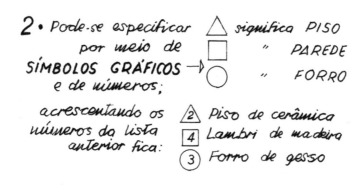

Relação de materiais para figura à direita na página seguinte:

1. Cerâmica esmaltada
2. Cerâmica decorada linha Beta, cores branca e verde
3. Taco de peroba encerado
4. Cimentado na cor natural
5. Mármore branco
6. Peroba
7. Chapisco e massa única
8. Azulejo decorado Alfa de 10 cm × 20 cm na vertical, cor marrom e creme
9. Azulejo branco com 10 fiadas
10. Azulejo de cor bege
11. Pintura de PVA sobre massa plástica, cor amarela
12. Pintura de PVA sobre massa plástica
13. Pintura de cal branca
14. Cimentado pintado de epóxi, cor mostarda
15. Aço inoxidável
16. LED
17. Fluorescente
18. Linha Capiba, cor branca com ferragem Itol

As esquadrias são detalhadas em pranchas à parte em que se indicam as quantidades, a madeira, o acabamento e as ferragens.

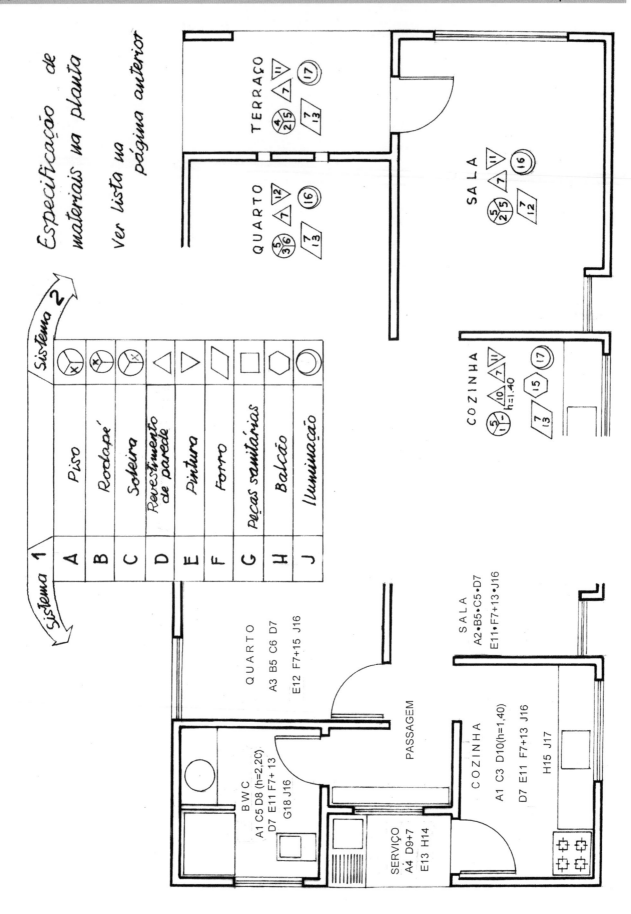

13 Acessibilidade

Conteúdo: normas e recomendações sobre rampas, balcão de informações, elevador, bebedouro, alerta no piso, estacionamento, porta e maçaneta, mapa do prédio e conjunto sanitário.

Cerca de 6% da população brasileira necessita de acesso especial. A acessibilidade deve ser pensada como parte do projeto, não como acréscimo à construção. Há o Decreto n. 5296/2015 e a NBR 9050/2015 para orientação dos projetistas. Adiante, estão relacionados dez detalhes que dão melhor acesso a todas as pessoas.

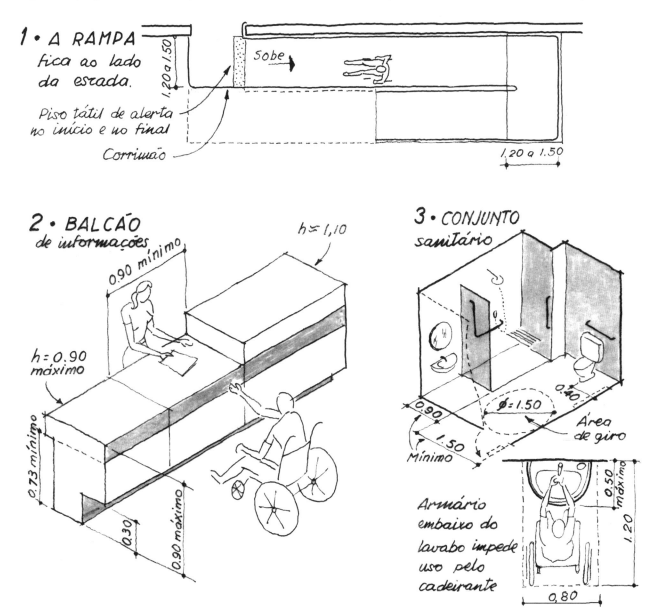

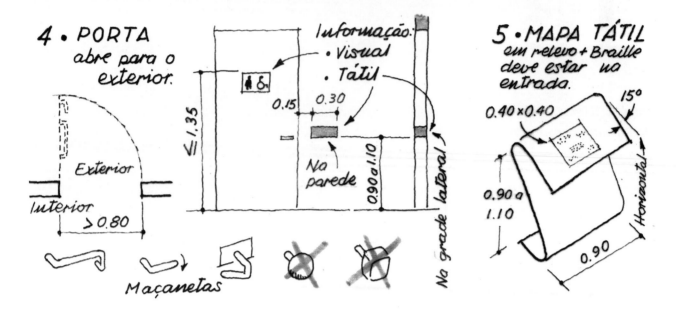

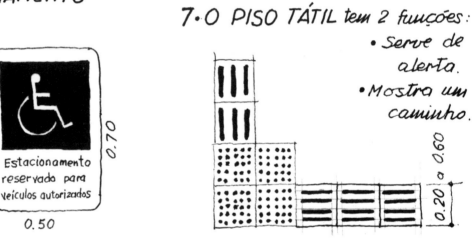

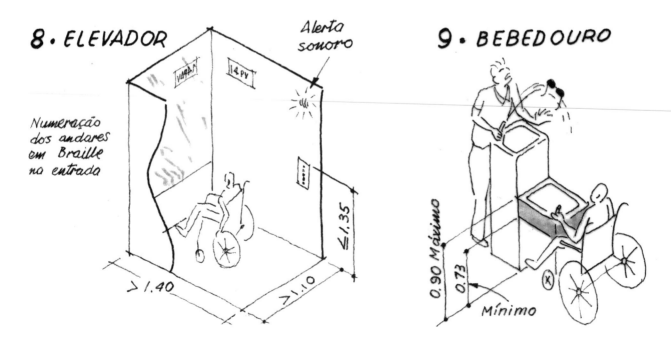

14 Desenho topográfico

Conteúdo: importância do reconhecimento do terreno para o projeto e a construção. Desenho do terreno com dimensões, ângulos, relevo, árvores e acidentes geográficos.

Nem sempre os terrenos são lotes retangulares e planos. Há terrenos de contorno irregular, desnivelado ou com altos e baixos. A representação da superfície é objeto de estudo da topografia; é o que diz o próprio nome: *topo* = terreno e *grafia* = representação.

Muitos projetos têm seus custos acrescidos por serviços não previstos inicialmente, não por deficiência do projeto, mas por falta de dados em decorrência de *levantamento incompleto*. Há sempre quem confunda "economia" com "o mais barato" (que acaba saindo mais caro).

O bom construtor sabe que o serviço bem feito é aquele que é feito uma única vez! Nada custa tão caro como desmanchar e fazer novamente. Perde-se tempo, trabalho, dinheiro e ficam aborrecimentos, atritos... e remendos.

Um terreno plano e horizontal fica definido por seu perímetro ou contorno.

Levantar um terreno é fazer a medição dos ângulos e das distâncias, de modo que ele possa ser desenhado.

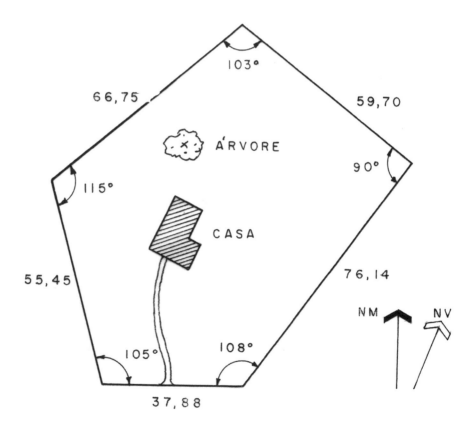

O levantamento pode ser feito no local por meio de instrumentos, como trena, mira, bússola (figura ao lado), teodolito e outros, ou por meio de fotografias aéreas, quando se trata de região extensa ou de acesso difícil.

A *orientação* do terreno é obtida por meio de bússola. A ponta azulada da agulha indica o *Norte Magnético* (NM). O *Norte Verdadeiro* (NV), ou Norte Astronômico, é, em geral, diferente do NM. Trata-se de dado importante para que o arquiteto faça o projeto levando em conta a posição do sol (insolação) e a direção dos ventos em diferentes épocas do ano.

O *levantamento planimétrico*, mostrado na página seguinte, é o desenho da projeção horizontal do terreno e chama-se, também, *planimetria*.

Quando o terreno é acidentado ou inclinado, o levantamento planimétrico não é suficiente para seu conhecimento. O relevo, ou a variação de alturas, é medido no *levantamento altimétrico*, pois nele fica representado por meio das curvas de nível e de suas cotas.

CURVA de NÍVEL é a representação dos pontos de MESMA COTA ou altura em relação a um plano horizontal tomado como referência.

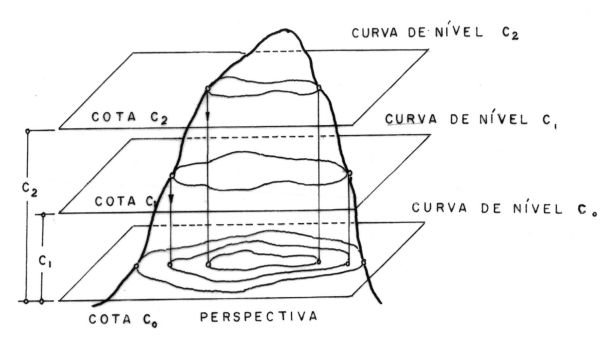

Desenho topográfico

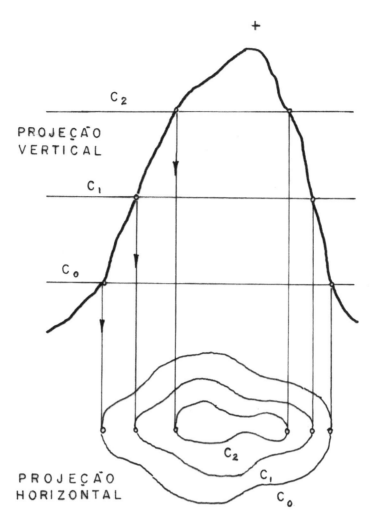

Nos desenhos topográficos, costuma-se dar ênfase ao relevo; assim, as escalas horizontal e vertical serão diferentes. Quando isso ocorrer, as legendas de cada figura deverão indicar essas duas escalas.

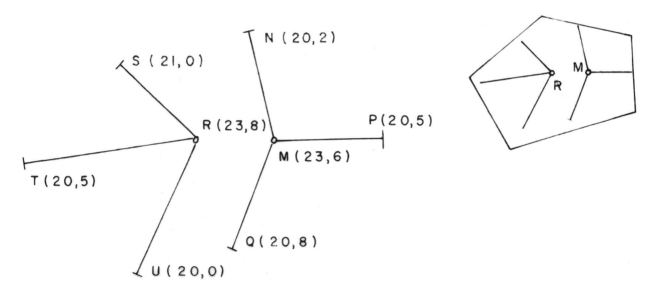

Acima, planta esquemática com localização das seções verticais. À esquerda, seções com cotas de cada ponto extremo. Na página seguinte, cada seção está desenhada com definição de pontos de mesma altura (cota).

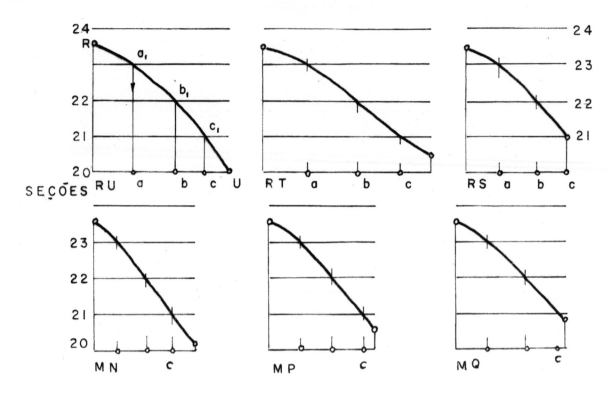

A partir de medições de distância e de altura (cota) dos pontos R, U, T, S e M, Q, N, P, podemos traçar as *seções* e, em seguida, as cotas inteiras (como a, b, c, ...) são levadas para a planta.

Os pontos de mesma cota (a, b, c, ...) estão localizados na planta a seguir.

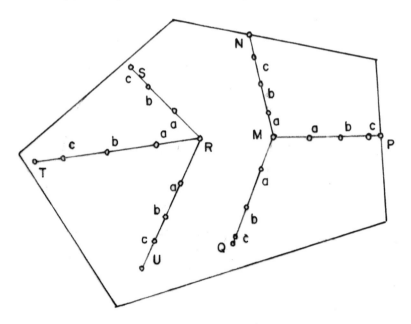

Na etapa final do traçado de curvas de nível, ligam-se os pontos de mesma cota (a, b, c, ...) que estavam na figura anterior, como se vê na página seguinte.

Desenho topográfico

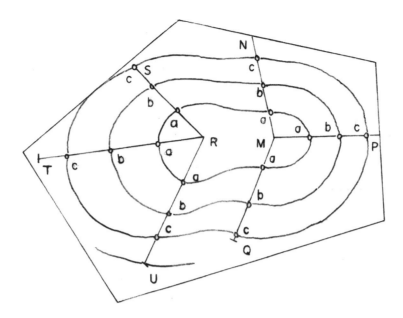

EXERCÍCIOS

Não indicado para principiantes, salvo sob orientação!

1. Ampliar a planta ao lado para a escala de 1:500 ou 1:200.

2. Traçar seções por planos não paralelos às fachadas como FG.

3. Dado o levantamento planialtimétrico ao lado, pedem-se:

   a) a representação dos muros de contorno;

   b) o mesmo que em (a), mas com as fachadas da casa.

   Outros dados necessários:

   Piso da casa na cota = 30,50 m

   Cumeeira na cota = 33,90 m

   Inclinação da coberta i = 40%

   Altura do muro = 1,00 m

   Escala = 1:500

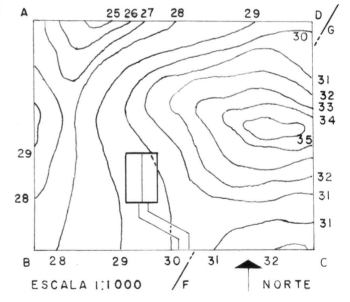

Orientação: inicialmente, escolhemos uma fachada, seja BC = Sul, e traçamos o perfil do terreno ou base do muro. O procedimento é semelhante ao que foi utilizado em páginas anteriores; aqui, as distâncias deverão ser adaptadas da escala da planta para a da fachada. Desenhamos a fachada da casa segundo os dados fornecidos. Procuramos os pontos de interseção de cada curva de nível com a linha de chamada e levamos para a fachada, obtendo o perfil do terreno (traço grosso) nesta fachada. Em seguida, passamos uma paralela à base do muro (h = 1,00 m) e fazemos a parte superior do muro, como se vê na fachada Sul (porção à direita). Podemos, ainda, optar por fazer o muro externo escalonado, isto é, em degraus, como se vê num trecho da fachada Oeste. A seguir, aparecem as três fachadas já traçadas.

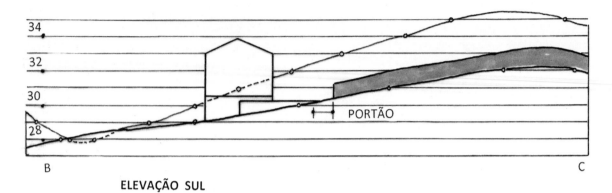

ELEVAÇÃO SUL

ESCALA 1:500

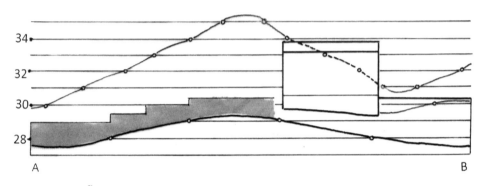

ELEVAÇÃO OESTE

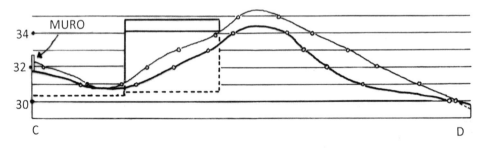

ELEVAÇÃO LESTE

15 Detalhes construtivos

Conteúdo: etapas de uma construção. Alicerce e seus tipos. A alvenaria e as paredes: de pedra, de tijolo e seus revestimentos. Pisos. Estruturas e sua representação. Painéis divisórios. Estruturas metálicas e telhados. Um detalhe de cima a baixo.

O desenhista não deve limitar-se à utilização de técnicas de desenho, de instrumentos e dos símbolos. Ele deve conhecer a construção por dentro, aquilo que está por trás das tintas e dos revestimentos, o que existe por baixo dos pisos e dentro das lajes, as canalizações e outros detalhes.

Esse conhecimento – dado aqui de maneira resumida – deve ser complementado com a vivência da obra, isto é, o acompanhamento da construção.

Nenhum livro ou professor pode substituir o que se chama de *"o saber de experiência feito"*. Assim, a apresentação que se segue deverá ser o ponto de partida para aprofundamento pelo interessado.

Quase diariamente são lançados novos produtos e novas técnicas construtivas. Em ambos os casos, há *elementos básicos* que permanecem.

FUNDAÇÃO é a parte inferior da construção; ela repassa as cargas para o terreno.

Tipo de fundação

O tipo da fundação é definido após estudo do subsolo. Sondagem geológica é a coleta de amostras do solo e sua análise.

RASA
- em rachões (blocos de pedra). Ver p. seguinte.
- em sapata corrida de concreto armado.
- em sapatas ligadas por cinta. →
- em blocos pré-moldados. Ver p. seguinte.

PROFUNDA: por estacas...
...de concreto armado, metálicas ou de madeira,...
...cravadas por firmas especializadas.

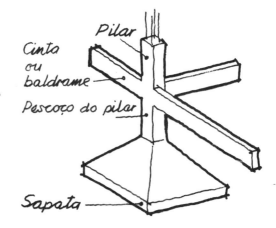

Pilar
Cinta ou baldrame
Pescoço do pilar
Sapata

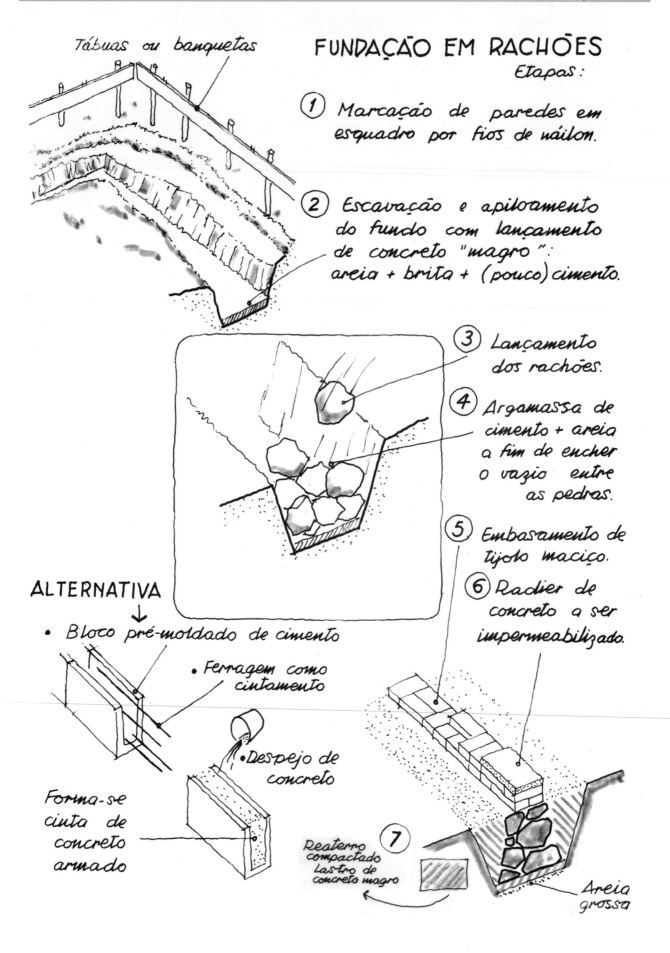

Detalhes construtivos

ALVENARIA é o sistema construtivo formado por materiais colocados regularmente e mantidos em equilíbrio.

TIPOS DE TIJOLO

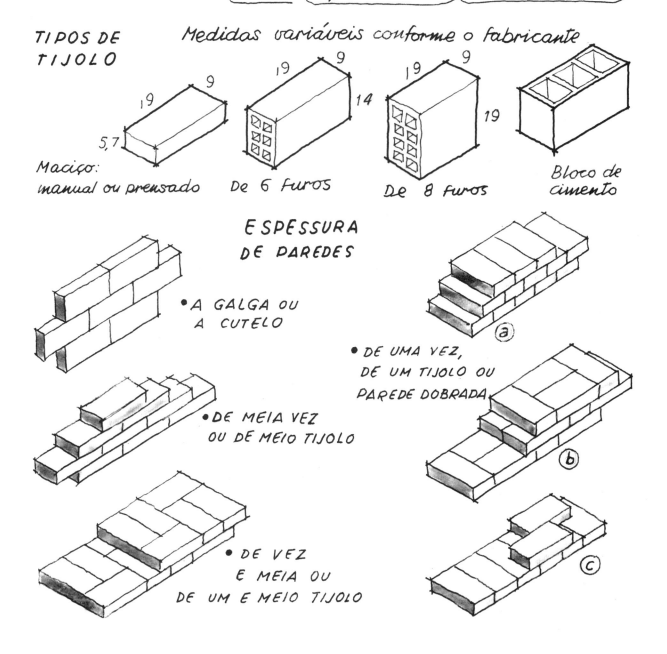

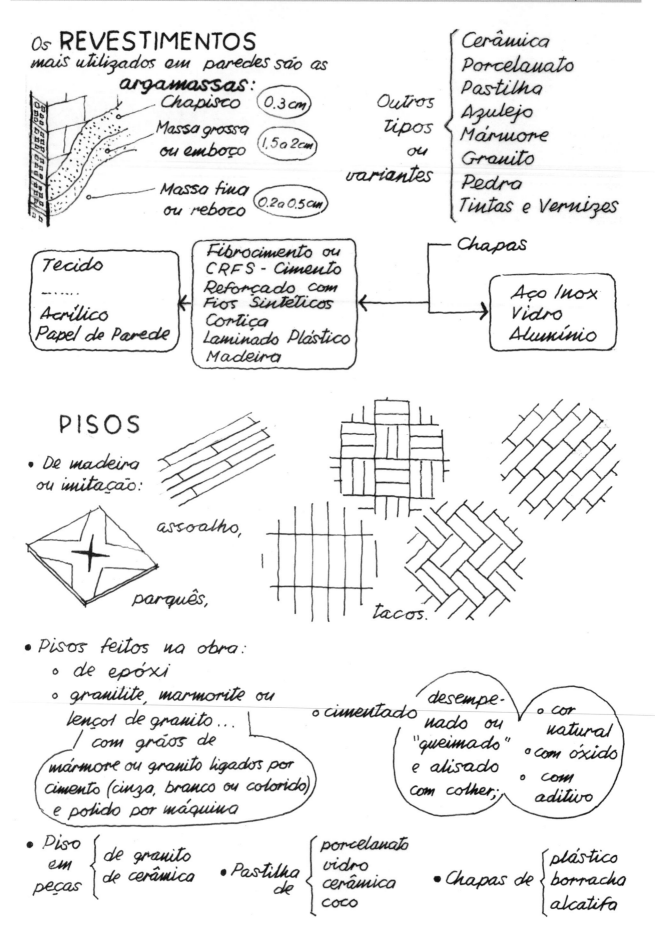

Detalhes construtivos

ESTRUTURAS

Representação em planta • 1:50

Escala   Metálica   De concreto armado   De madeira

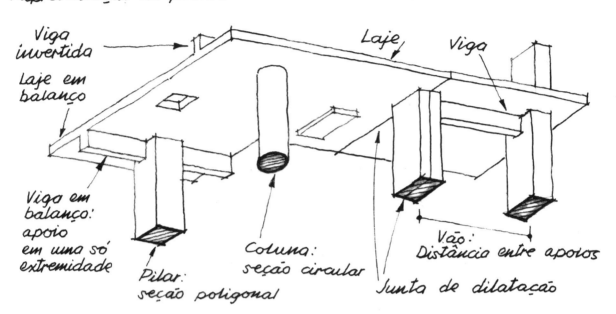

- Viga invertida
- Laje em balanço
- Viga em balanço: apoio em uma só extremidade
- Pilar: seção poligonal
- Coluna: seção circular
- Laje
- Viga
- Vão: Distância entre apoios
- Junta de dilatação

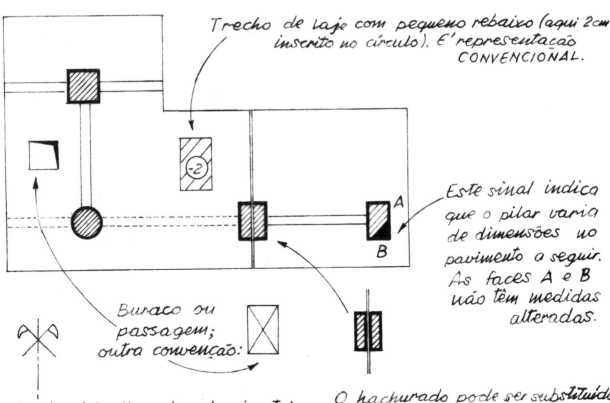

Trecho de laje com pequeno rebaixo (aqui 2cm inscrito no círculo). É representação CONVENCIONAL.

Este sinal indica que o pilar varia de dimensões no pavimento a seguir. As faces A e B não têm medidas alteradas.

Buraco ou passagem; outra convenção:

O sinal indica eixo de simetria e permite que se desenhe apenas metade da figura.

O hachurado pode ser substituído por pintura, em geral vermelha.

Paredes internas são, em geral, **DIVISÓRIAS**.

Elas devem ter:
- Resistência ao fogo
- Isolamento acústico
- Versatilidade
  - portas
  - janelas
  - guichês
- Acabamento diversificado
- Fácil montagem

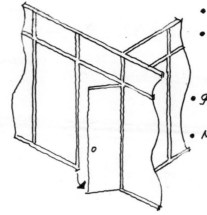

Estrutura:
- metal
- madeira

Vedação:
- gesso cartonado ou "drywall"
- MDF

COMBOGÓ, elemento vazado ou cobogó

Material:
- porcelana vitrificada
- cimento ou argila
- vidro

Finalidade:
- vedação
- ventilação

A construção tende a se tornar montagem de produtos pré-fabricados e os painéis divisórios se enquadram nesta linha, assim como as esquadrias, instalações em geral e cobertas.

Para os que vivem em regiões de clima tropical, a ventilação, tanto como o sombreamento, é necessidade de primeira ordem. O combogó atende a ambos os propósitos, como se pode ver em nosso livro *Ventilação e Cobertas*, que estuda o assunto sem esquecer o lado teórico e científico do assunto.

O **BEIRAL** generoso, de 0,80m ou maior, é indicado para regiões de clima quente.

Detalhes no livro "Ventilação e Cobertas" do mesmo autor.

Vantagens:
- protege do calor
- cria sombras
- direciona o ar para o interior
- evita chuva nas paredes e esquadrias
- reduz infiltração de umidade no alicerce

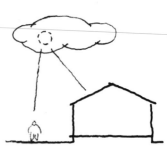

O beiral curto é adequado para clima frio, pois aproveita o escasso calor solar.

Detalhes construtivos

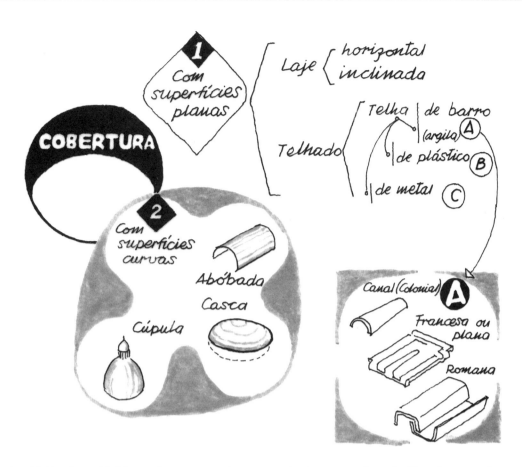

Telhas de plástico translúcido podem ser usadas em conjunto com telhas de fibrocimento de modo a reduzir a iluminação artificial.

Telhas de fibrocimento acarretam substancial redução no uso de madeiramento. Elas podem ser utilizadas em clima quente, desde que a ventilação seja bem estudada.

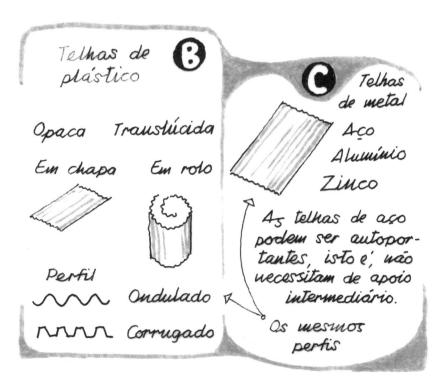

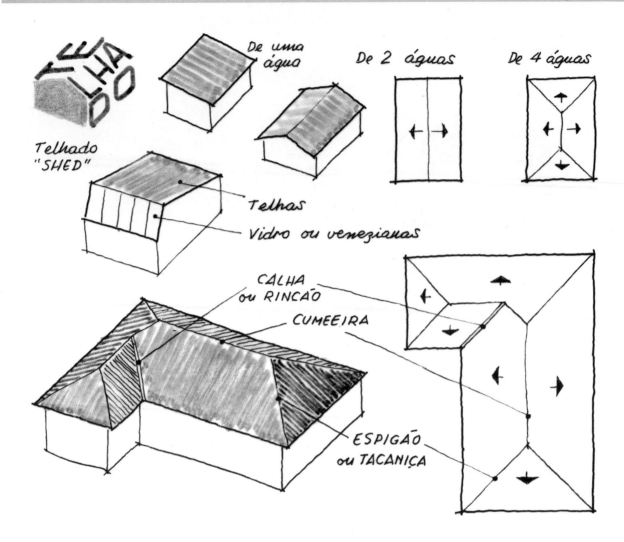

A INCLINAÇÃO ou declive
é indicada em:

① GRAUS a serem lidos no transferidor, instrumento ausente no canteiro de obras.

1/4
1/5
...

② PONTO de telhado é a inclinação segundo a relação $\frac{h}{v}$.

O ponto SEMPRE se refere a coberta com DUAS águas.

③ PORCENTAGEM: dada pela relação entre os catetos de triângulo retângulo:

(h) Altura, que é variável, e
(m) Constante igual a 10 cm, independentemente de escala.

$$i = \frac{h}{m} = \frac{2cm}{10cm} = \frac{20mm}{100mm} =$$
$$= 20 \text{ (dividido) por } CEM = 20\%$$

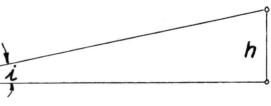

Detalhes construtivos

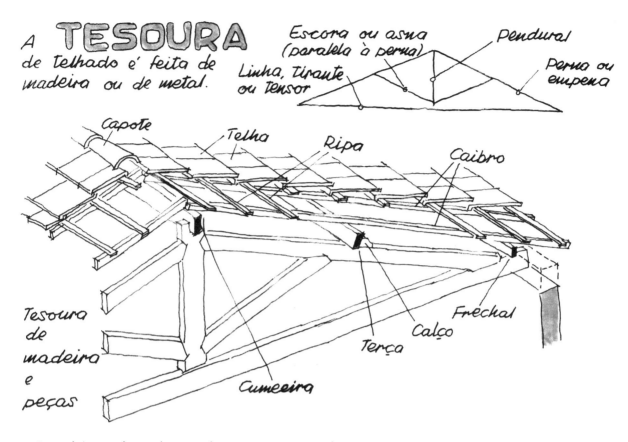

A madeira está em desuso: devasta a natureza, é cara, tem duração limitada por fungos e cupins e a mão de obra vem se tornando rara.

Em construção de pequeno porte, prefere-se colocar a telha diretamente sobre a laje, sem utilizar madeira. Se a laje pré-fabricada é executada corretamente, evitam-se trincaduras.

As estruturas metálicas são mais leves, de montagem mais rápida e mais duradouras.

O fogo é o grande inimigo das coberturas, tanto de madeira como metálicas, pois o ar aquecido tende a subir.

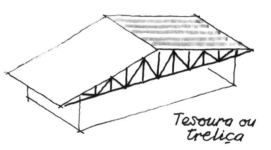

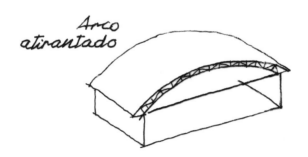

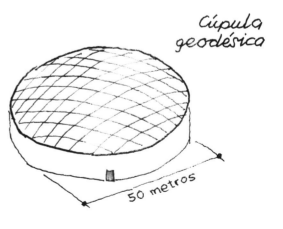

INCLINAÇÕES MÍNIMAS RECOMENDADAS PARA TELHADOS

Os casos estudados nesta página e nas seguintes servem como *introdução* ao estudo dos telhados.

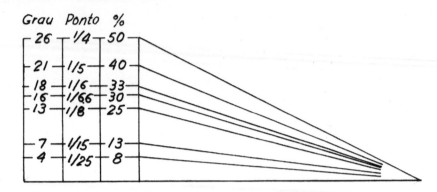

A geometria descritiva demonstra que, quando se trata de planta em que as paredes de contorno são perpendiculares entre si – caso do retângulo e do quadrado –, o encontro das duas águas adjacentes se faz segundo um ângulo de 45°, ou seja, a bissetriz do ângulo formado pelas fachadas. Supõe-se que as duas águas do telhado sejam igualmente inclinadas, o que normalmente ocorre. Essa propriedade geométrica simplifica o traçado das plantas de coberta, por tornar desnecessário o desenho da elevação ou fachada nesta etapa do desenho.

Na planta a seguir, começa-se por desenhar a cumeeira no meio do retângulo, paralelamente ao seu lado maior. Em seguida, pelos vértices, traçam-se retas a 45° (espigões) até encontrar a cumeeira.

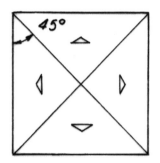 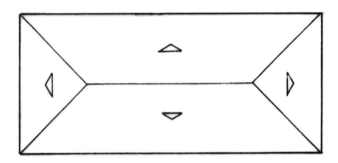

No exemplo a seguir, traçam-se as cumeeiras A e B no centro de cada bloco e, em seguida, seis retas a 45°. Para completar o traçado, resta resolver o problema que surge junto do ponto C. Observamos que o bloco B é mais estreito que o A, portanto, a cumeeira B será mais baixa do que A. Essas cumeeiras, por terem alturas diferentes, não se encontram. Devemos, então, ligar os pontos C e E por uma reta a 45°. Feito isso, observamos que a D corresponde a uma calha ou rincão. Podemos desenhar, agora, qualquer corte ou fachada relativa a esta planta.

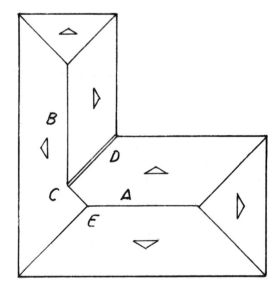

Na planta a seguir, se admitirmos que o bloco menor tem beiral mais baixo (-g) que o bloco quadrado, teremos de representar uma vista M em que estejam marcadas as alturas dos beirais: são as retas A e B. Agora definimos a inclinação do telhado na vista M. Em outro local, faremos a vista N do bloco menor e nela obteremos a altura h de sua cumeeira; ela será transportada para a vista M e marcada acima da reta B em 4. Uma reta horizontal determina o ponto 5 no bloco maior (vista M), a ser transportado para a cumeeira do bloco menor em 6 (planta). A partir deste último ponto, traçaremos retas a 45° (rincões), completando a coberta.

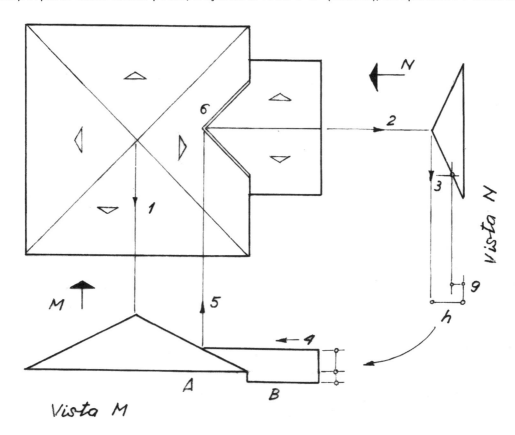

A planta ABCD deverá ser coberta por um telhado de quatro águas. A cumeeira será a reta 1-2, bissetriz do ângulo formado pelas retas AD e BC. Traçamos bissetrizes em cada um dos vértices e prolongamos até a cumeeira. Representamos a fachada AD depois de obter as alturas h_1 e h_2 de dois pontos da cumeeira por meio das seções M e N, considerando a inclinação i = 50% (dada).

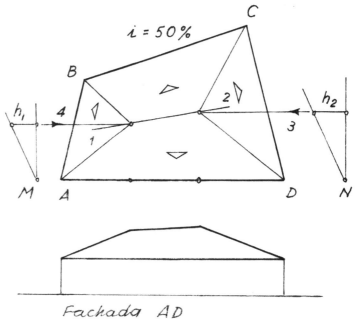

Como nas imagens anteriores, verificamos que nos pontos A e C forma-se um rincão na direção de cada bissetriz BA e DC. O trecho BD corresponde a uma cumeeira horizontal.

Esta solução é tecnicamente correta por evitar a calha horizontal, que é desaconselhada por causa dos problemas que costuma provocar. Nosso livro *Ventilação e Cobertas* aprofunda este assunto, inclusive com o estudo mais desenvolvido de interseções de telhados.

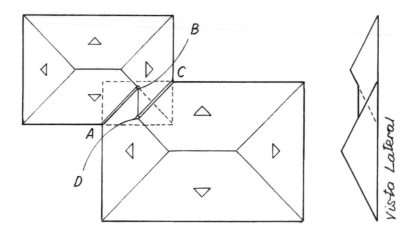

Ao leitor mais atento, recomendamos desenhar as fachadas de cada uma das cobertas apresentadas.

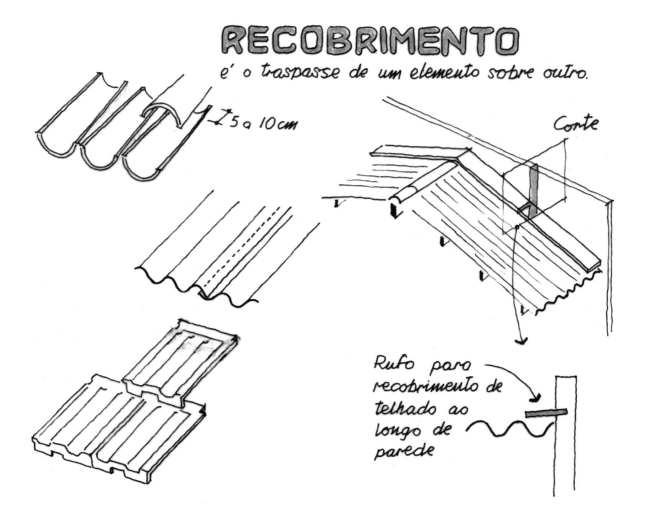

Detalhes construtivos

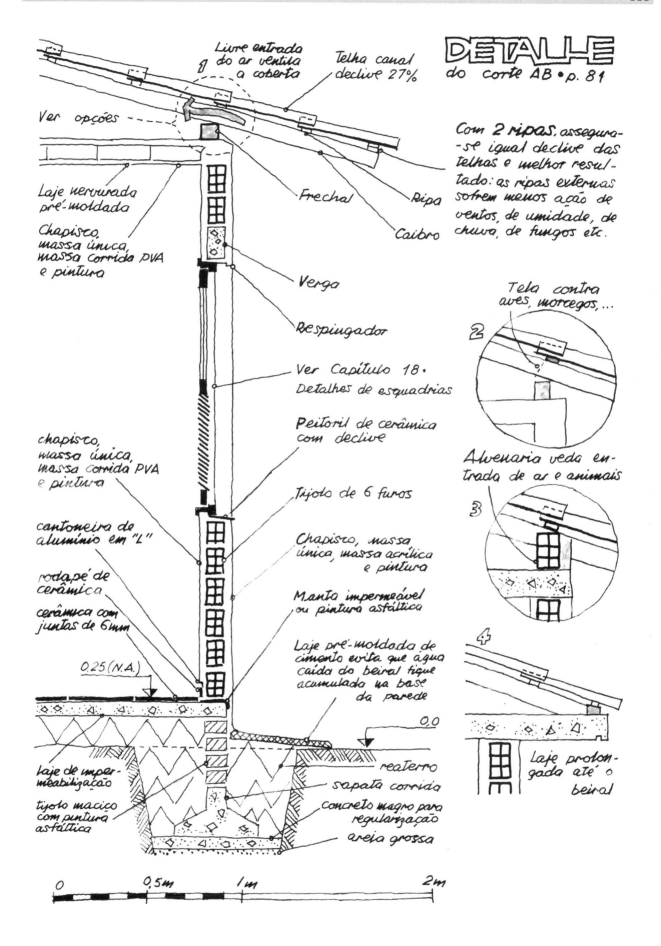

16 Circulação vertical

Conteúdo: novos termos técnicos. Cálculo e desenho de escadas. Forma dos degraus e das escadas. Balanceamento de escadas. Escada helicoidal: cálculo e desenho. Rampas e elevadores.

A concentração de construções nas grandes cidades criou exigências de aproveitamento maior dos terrenos. Assim, surgiu a construção de pavimentos superpostos servidos por circulação vertical. Ela se faz por meio de escadas, rampas, monta-cargas etc. Estudaremos os dois primeiros casos.

ESCADAS

A escada será projetada e calculada. Se o espelho (ver figura) tiver mais de 18 cm de altura, a escada torna-se cansativa. Se o piso do degrau for menor que 25 cm, o pé não encontra bom apoio e há risco de queda ou, pelo menos, arranha-se o calcanhar ao descer. Com pisos de 45 cm ou maiores, fica a dúvida: daremos passadas maiores ou as encurtaremos? Se os espelhos forem variáveis, o ritmo das passadas é alterado e surge a possibilidade de quebrar algum osso na queda. No cálculo das escadas, aplicam-se fórmulas que serão vistas adiante.

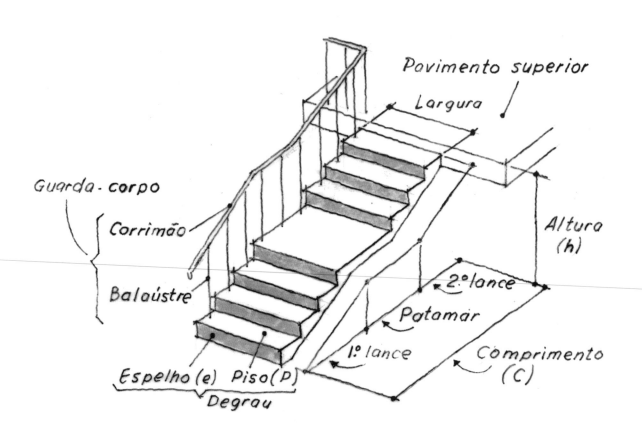

Circulação vertical

O diagrama ajuda a definir as medidas de piso e espelho aceitáveis. Se desenhado na escala de 1:10, ele fornece por leitura direta dimensões adequadas (fonte desconhecida).

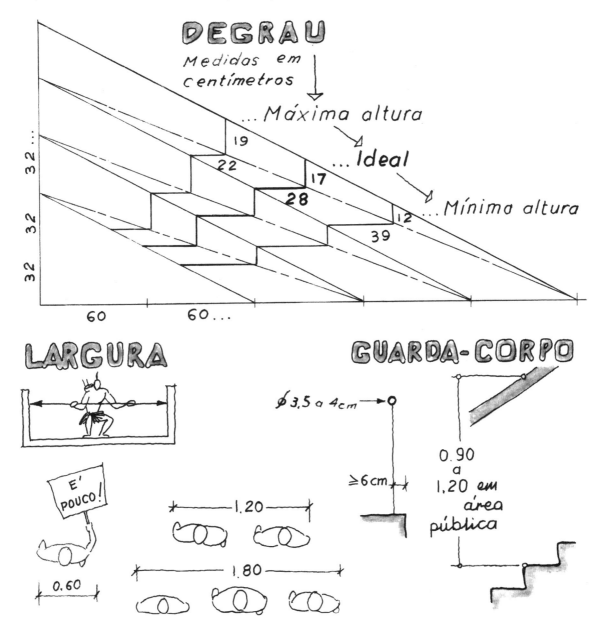

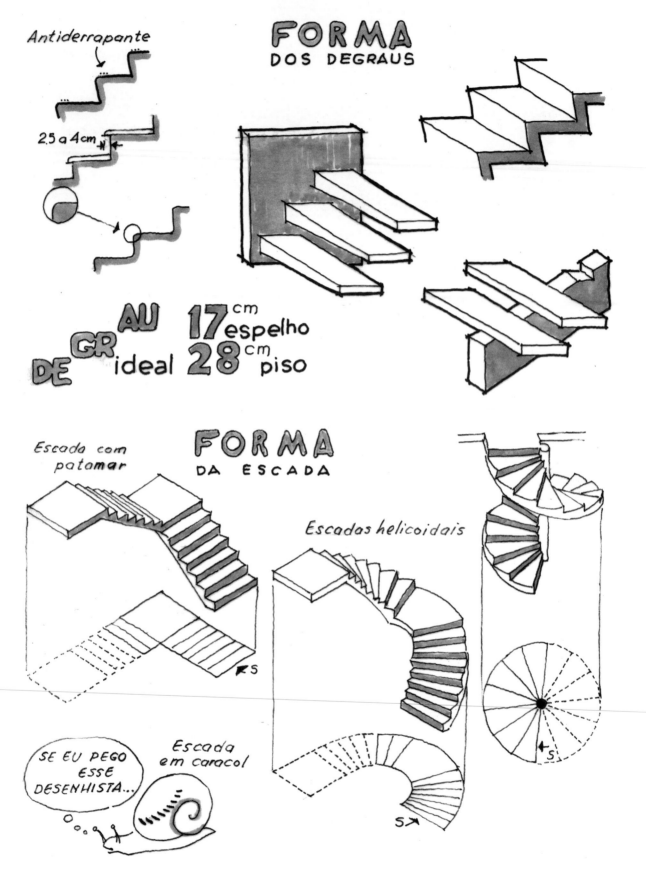

A rigor, duas circunstâncias limitam a forma da escada: a falta de imaginação do projetista e o orçamento da obra.

CÁLCULO da escada · Fórmulas

1. Quantidade de espelhos: $n = \frac{h}{e}$ $n \leq 18$
2. Comprimento $C = P_i (n-1)$ ► Escada SEM patamar
3. " $C = C_p + P_i (n-1)$ Escada COM patamar
4. Fórmula de Blondel: $2e + P_i = 62\,cm$ (média)

59 a 66 cm

n - Quantidade de espelhos
e - Altura do espelho
P_i - Comprimento do piso
C - Comprimento da escada

h - Altura do pavimento ao degrau mais elevado
C_p - Comprimento do patamar

Dados: $h = 2,45\,m$. Sem patamar.

Fórmula 1 · $n = \frac{2,45}{0,18} = 13,61$ Arredonda para o inteiro seguinte: 14 pisos

Fórmula 2 · $C = 29 \times (14-1) = 3,77\,m$
Escolhido ↗ no gráfico
da p. 113 entre 27 e 30 cm.

EXEMPLO 1

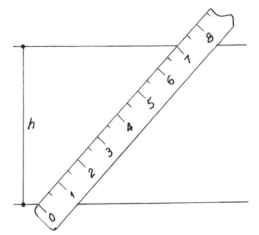

Traçam-se duas horizontais com afastamento igual a *h* ou altura dada.

Com segmentos de 0,5 cm numa régua inclinada, temos 0,5 cm × 14 = 7 cm. Colocamos o zero da régua numa das horizontais e giramos até que o 7 da régua coincida com a outra horizontal e marcamos os 14 pontos ou divisões.

Por estes pontos, traçamos horizontais que serão numeradas de 0 a 14.

Marcamos o comprimento C = 3,77, como calculado, e assinalamos as divisões de zero a 13.

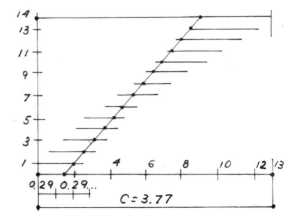

Ligamos por reta oblíqua o número 1 da vertical (1ª divisão) ao número 14 da horizontal superior.

Traçamos os espelhos dos degraus e, no prolongamento do espelho, marcamos PM igual a 0,90 m = altura do guarda-corpo, a ser traçado paralelamente à extremidade dos degraus P e R.

Marcamos a espessura da laje e traçamos sua face inferior.

Deixamos livre a altura igual a RS como passagem entre a escada e a laje superior (linha auxiliar na figura).

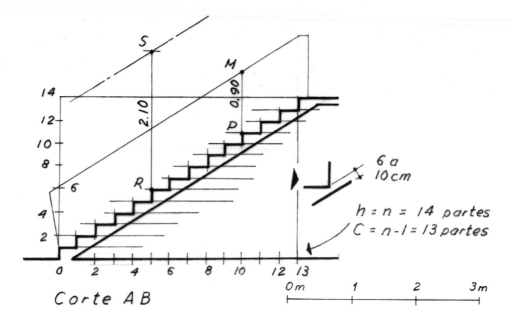

Corte AB

O plano horizontal da planta deveria separar os degraus que estão acima de 1,50 m como não visíveis (linha tracejada) e os que estão abaixo de 1,50 m de altura como visíveis, entretanto...

... por *convenção* simplifica-se:

A metade final da escada ou do último lance é suposta acima de 1,50 e desenhada com traços curtos.

No pavimento superior, os degraus serão todos visíveis e representados por traço contínuo.

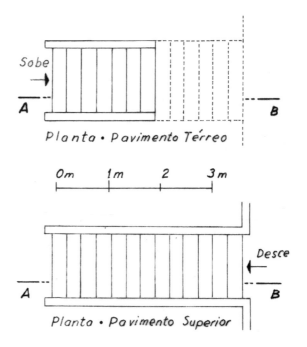

Circulação vertical

Vejamos um caso de escada com patamar. Dados: largura total = 1,40 m e altura h = 2,50 m. Ao aplicar a fórmula nº 1, fica: n = h ÷ 0,18 = 13,88, que arredondamos para 14. Teremos em planta 13 pisos e, como o patamar é um deles, restam 12, ou seja, 6 pisos em cada lance. Começamos por desenhar o corte; a planta será feita em seguida, sendo, então, definidos o corrimão, os balaústres, os elementos visíveis ou não, os seccionados ou não e aplicada a representação convencional.

Esses dois exemplos são o *ABC da escada* e convém que fiquem bem entendidos antes de passar para outros casos.

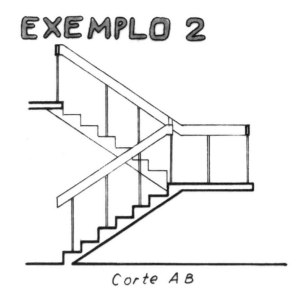

Corte AB

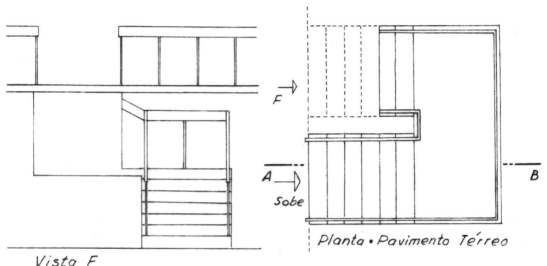

Vista F

Planta • Pavimento Térreo

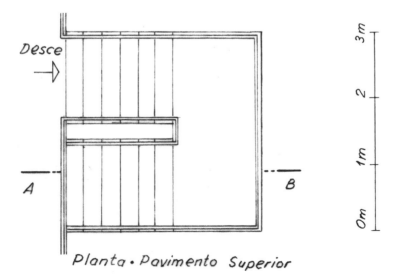

Planta • Pavimento Superior

Na escada, o centro do corpo (linha de piso) fica afastado 50 a 60 cm do guarda-corpo:

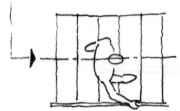

Aqui ocorre mudança de direção e o piso fica reduzido a 16 cm:

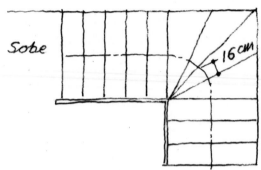

Existe risco de queda, pois o piso não dá apoio e ocorre mudança no ritmo das passadas. Uma solução é fazer o

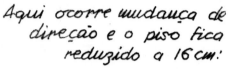

BALANCEAMENTO dos degraus.

Costuma-se fazer o *balanceamento dos degraus* assim: a linha auxiliar de traço e ponto nas figuras está afastada 50 cm do corrimão e representa a *linha de piso*. Nessa linha, os pisos deverão ser todos iguais: é o que se chama de balanceamento. Definimos o piso de 25 cm, o balanceamento de oito degraus – do 3º ao 10º piso – e o raio de 20 cm para o corrimão interno (ele vai eliminar a aresta!).

1. Desenhar este corrimão interno, a bissetriz do ângulo dos dois lances e a linha de piso.

2. Marcar segmentos de 25 cm na linha de piso: os pontos 2 até 6 e os seus simétricos 7 até 10.

3. Prolongar a linha dos espelhos 2 e 10, obtendo o ponto M.

4. Marcar os segmentos MA = MB = BC = CD e MA = ME = EF = FG.

5. Traçar os segmentos D3, C4, B5, M6 e os simétricos G9, F8, E7.

6. Agora, é só desfrutar de uma escada gostosa!

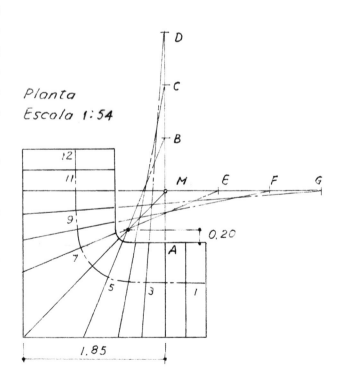

Circulação vertical

HÉLICE

A hélice era conhecida já na Grécia Antiga. Arquimedes escreveu o livro "Parafuso" e diz-se que foi o primeiro a aplicar seus conhecimentos: teria inventado um parafuso sem fim para irrigação. Se o grego tivesse registrado a patente, não teríamos hoje essa dúvida e ele estaria riquíssimo cobrando *royalties* de cada parafuso. Claro, se o soldado romano não o tivesse degolado quando fazia cálculos na areia da praia.

Sugestão para *visualizar* a hélice: traçar a diagonal de um cartão de forma retangular e enrolar em forma de cilindro. A base do cilindro (circunferência) é a projeção da hélice no plano horizontal. A altura do cilindro (geratriz) é o passo da hélice: distância vertical entre dois pontos da curva.

Traçado: dividir a circunferência em *n* partes iguais. Marcar o passo (altura) e dividi-lo em *n* partes, traçando linhas horizontais. Numerar cada uma das divisões da altura e as da base. Ligar os pontos de encontro das divisões/linhas horizontais aos pontos que partem da mesma numeração na base: está traçada a hélice.

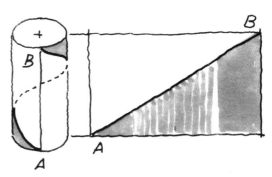

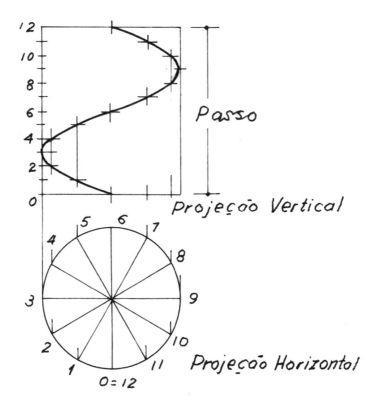

Na ESCADA HELICOIDAL

o piso é um setor circular.

Para o cálculo desta escada, consideramos uma linha imaginária (linha de piso) afastada 50 a 60 cm do corrimão e medimos o piso $\overparen{AB}$.

$\overparen{AB}$ varia de 18 a 32 cm.

CÁLCULO

Dados: $\begin{cases} h = 2,95\,m \\ Largura = 0,80\,m \\ Apoio\ central \\ \phi = 0,10\,m \end{cases}$

- Na fórmula $\boxed{1}$:

$$n = \frac{h}{e} = \frac{2.95}{0.18} = 16,38 \simeq 17$$

- Na fórmula $\boxed{2}$ teremos o Comprimento. Na 1ª tentativa, admitimos que a escada dá UMA volta ou $C = 2\pi R$ ∴

$$C = P_i(n-1) =$$
$$= 0.23 \times (17-1) = 3,26\,m.$$

Daí:
$$R = \frac{C}{2\pi} = \frac{3.26}{6.28} = 0.52\,m$$

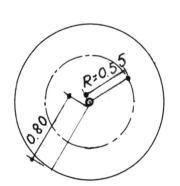

Planta – escala 1:50

1. Desenhar a linha de piso (circunferência) com raio de 0,55 m na escala escolhida.

2. O corrimão interno está a 0,50 m da linha de piso: é a pequena circunferência que representa a coluna central da escada.

3. A partir dessa circunferência interna, marcar a largura dada e traçar a circunferência externa.

4. Se, no cálculo, resultar R < 0,50 m (mínimo aceitável para a linha de piso), optamos por ¾ ou ½ circunferência em lugar de uma circunferência inteira. Em todos os casos, o cálculo de R é feito por *tentativas*!

Por exemplo: para h = 2,25 m, temos n = 13; com piso de 0,22 m, fica 2πR = 0,22 m × 12 e obtemos R = 0,42 m ou abaixo do mínimo, portanto, *inaceitável*!

Fazendo ¾ × 2πR, teremos R = 0,56 m, que é satisfatório.

Fazendo ½ × 2πR, teremos 0,22 m × 12 ou R = 0,84 m, que é igualmente satisfatório. Resulta que qualquer uma dessas duas respostas pode ser escolhida. A seguir, está desenhada uma escada helicoidal em que C = ½πR, h = 2,25 m e a largura útil é de 1,00 m.

Por meio de duas retas horizontais, marcamos a altura, a ser dividida em n = 17 partes, como nas escadas retas. Numeramos as horizontais de 0 a 17.

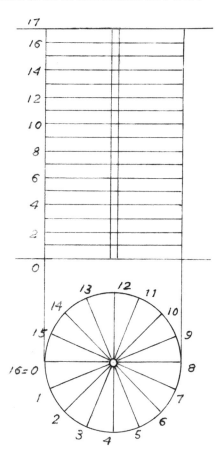

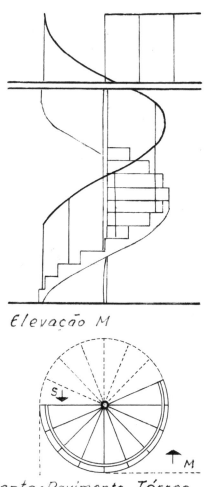

Elevação M

Levamos para o plano vertical a coluna central e o cilindro externo. Dividimos as circunferências em n − 1 = 16 partes e as numeramos de 0 até 16.

No encontro das horizontais com as verticais de mesmo número, estão os degraus. Traçamos o contorno da face externa e depois a face interna, definindo, a seguir, as partes visíveis.

Acrescentamos a espessura da laje e o corrimão, formados por hélices. Resta colocar balaústres e *aplicar as convenções* nas plantas.

Planta • Pavimento Térreo

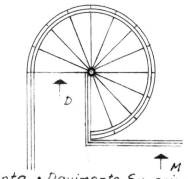

Planta • Pavimento Superior

EXERCÍCIOS

(Alô, principiante: sugere-se passar ao assunto seguinte.)

1. Desenhar a planta e a elevação de uma escada helicoidal. Dados:

   Altura h = 2,20 m

   Escala sugerida = 1:25

   Largura = 1 m

   Piso médio = 0,25 m a 0,55 m na borda interna

2. Fazer o balanceamento de 13 pisos de uma escada. Dados: o esboço da planta (ao lado) e as seguintes dimensões.

   Piso médio = 0,22 m

   Escala sugerida = 1:25

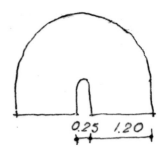

3. Calcular uma escada conforme o esboço ao lado, destinada a uma edificação com vários pavimentos. Prever corrimão interno e guarda-corpo externo e apresentar planta, cortes e fachadas. Dados:

   Diferença de cota (h) entre pisos = 2,75 m

   Largura útil = 1,20 m

   Escala = 1:50

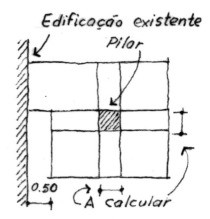

Respostas

1.

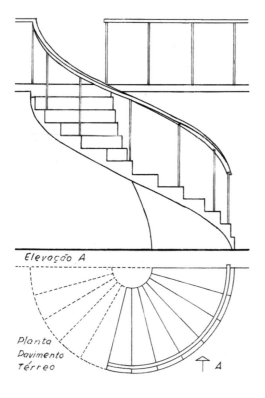

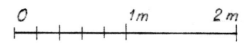

Representação mais detalhada de uma escada helicoidal tendo sido suprimido o desenho do corrimão interno para maior clareza.

Circulação vertical

2.

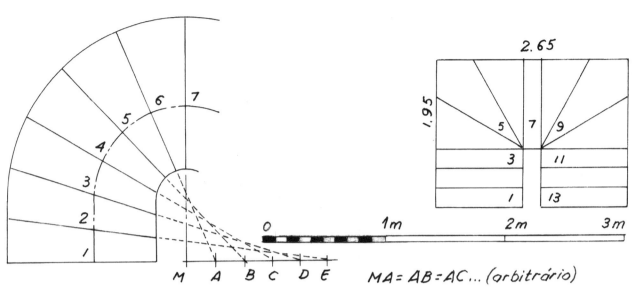

3.

Fachada M

Fachada N

Corte AB

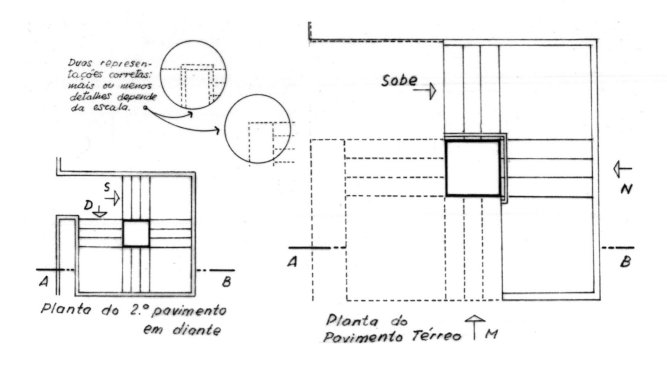

RAMPAS

Rampa é um plano inclinado utilizado para circulação de pessoas, de cargas ou de veículos. Deve-se prever plataforma de descanso, como nas escadas. Para pedestres, a inclinação ideal é de 8%, mas, por ocupar muito espaço, costuma-se fazê-la com 10%.

O elemento que deve nortear a inclinação da rampa é sua extensão. Podem-se fazer rampas curtas com inclinação superior a 10% no caso de absoluta falta de espaço.

Como nas escadas, o guarda-corpo deve ser colocado com altura de 0,80 m a 1,20 m. Em caso de pânico, a altura baixa não dá proteção efetiva, pois a metade do corpo humano situa-se em torno de 1,10 m (altura do umbigo); assim, para proteção efetiva, deve-se adotar altura mínima de 1,20 m.

As rampas são pouco utilizadas em residências, porém, largamente aplicadas em escolas, hospitais, edifícios esportivos, mercados etc., onde a circulação intensa justifica sua utilização.

PROCESSO DE CÁLCULO

A regra de três fornece o comprimento da rampa: comprimento C = (altura a vencer × 100 ÷ percentual).

Para o caso de h = 3 m (altura a vencer) e inclinação de 10%, temos:

C = 3 × 100 ÷ 10 = 30 metros

Este exemplo está desenhado na figura a seguir.

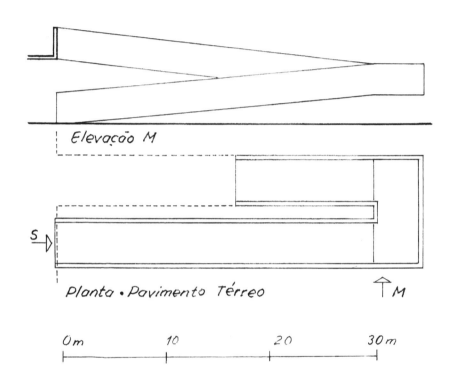

CASOS ESPECIAIS

- Rampa para paraplégicos: deve ser projetada com 7% a 10%, sendo este o limite máximo, a ser evitado.
- Excepcionalmente, em rampas muito curtas, pode-se chegar a 12%.
- Rampas para automóveis:
    - inclinação usual: 10% a 13%;
    - rampas longas: até 5%;
    - rampas muito curtas: até 20%.

RAMPA HELICOIDAL

Na *rampa helicoidal*, o comprimento a se obter é o do eixo médio, ou seja, aquele que é medido na metade da largura da rampa. No exemplo a seguir, temos:

h = 2,40 m

Inclinação i = 10%

Largura útil L = 1,20 m

Aplicando a regra de três já referida, fica: C = (h × 100) ÷ i = (2,40 × 100) ÷ 10 = 24 m.

Como no caso de uma escada com essa altura, devemos colocar patamar; temos, pois:

Comprimento da rampa + patamar = 2πR ou 24 + 1,20 (largura) = 2πR

Daí, temos R = 4 metros, que será o raio do eixo médio.

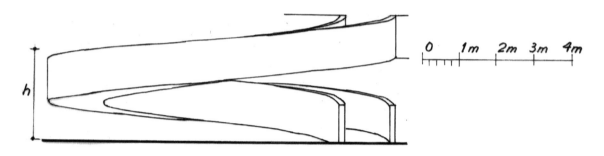

REPRESENTAÇÃO

Traçamos o raio médio na escala dada e colocamos, de cada lado do eixo (circunferência), a metade da largura mais a espessura do guarda-corpo. O leitor atento notará semelhanças entre as rampas e as escadas helicoidais no que se refere a traçado, convenções e cálculo.

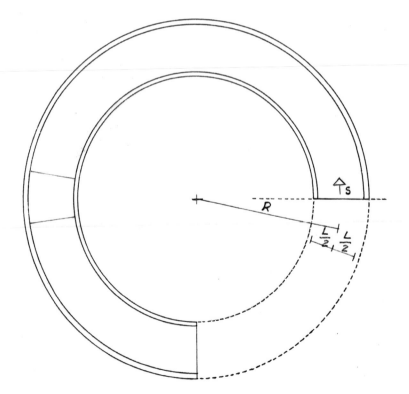

ELEVADOR

O corte desenhado a seguir mostra a caixa do elevador, o poço e a casa de máquinas. Na planta, aparecem a cabine do elevador e o contrapeso.

Chama-se *caixa de escada* o conjunto, aparente ou não, formado pela caixa do elevador e pela escada.

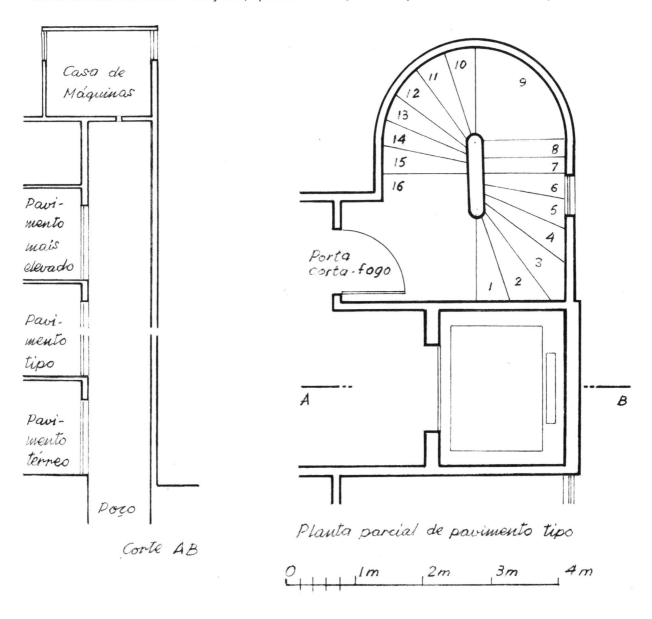

17 Instalações prediais

Conteúdo: os projetos arquitetônicos são complementados pelos de instalação hidráulica, de esgotos, de luz e força, de telefones e de outros. Cada um deles possui símbolos gráficos específicos.

Projetos de águas pluviais, telefone, detecção e alarme contra incêndio, estrutura e outros complementam o projeto de arquitetura.

Em geral, esses projetos não são feitos nos escritórios de arquitetura, pois todos exigem formação especializada. Por isso, eles são preparados *em equipe*. Os arquitetos indicam os pontos, por exemplo, de eletricidade e de telefone. Os símbolos gráficos mais utilizados estão listados a seguir.

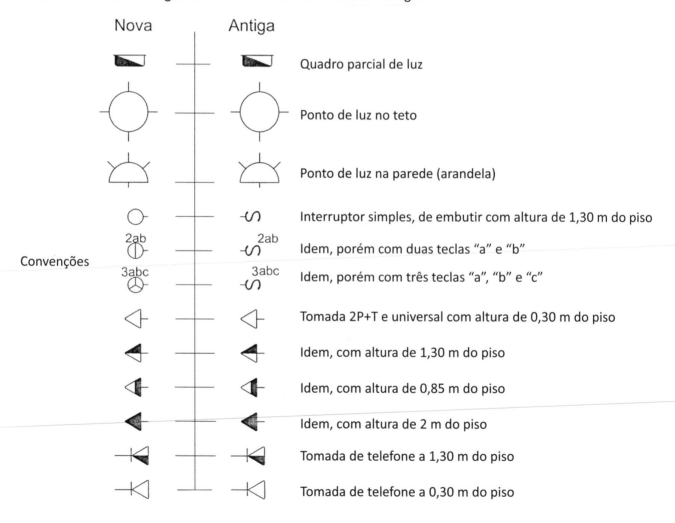

Instalações prediais

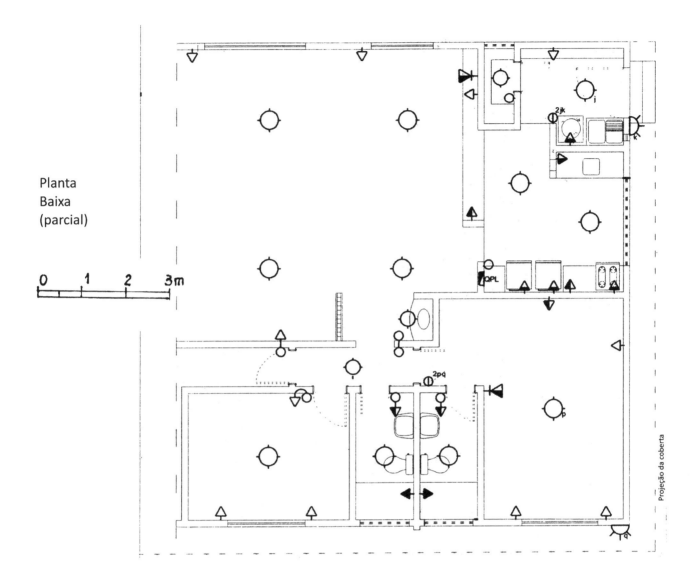

Planta Baixa (parcial)

EXEMPLO DE PLANTA DE ARQUITETURA COM INDICAÇÃO DE PONTOS DE ELETRICIDADE

Os desenhos das páginas seguintes apresentam detalhes das instalações de água e de esgoto: peças que ficam embutidas e só aparecem quando se quebram os revestimentos para proceder aos reparos. Examinados com atenção, os desenhos mostram por que as instalações pesam tanto no orçamento da construção. São centenas de peças cortadas, rosqueadas, soldadas; a mão de obra aplicada em muitas peças dá margem aos defeitos habituais.

DESENHO ISOMÉTRICO DE BANHEIRO

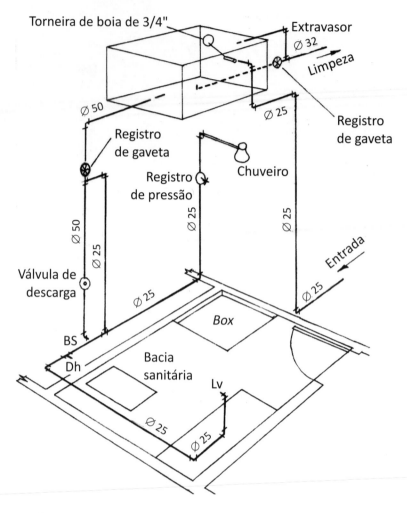

Instalações hidrossanitárias são um "dinossauro" que veio da Roma Antiga e dos maias e pouco evoluiu. São, portanto, campo aberto à criatividade.

DETALHE DE BWC

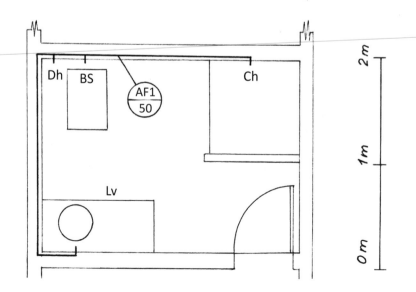

Instalações prediais

CONVENÇÕES HIDRO-SANITÁRIAS

BS –	Bacia sanitária com válvula	AF –	Água fria
Bca –	Bacia sanitária com válvula	TL –	Torneira de limpeza
Dh –	Ducha higiênica	Tj –	Torneira de jardim
Ch –	Chuveiro	Rp –	Registro de pressão
Lv –	Lavatório	Rg –	Registro de gaveta
Mic –	Mictório	VD –	Válvula de descarga
MLR –	Máquina de lavar roupa	Rec –	Recalque
MLL –	Máquina de lavar louça	TQ –	Tubo de queda
Pi –	Pia	Tv –	Tubo de ventilção

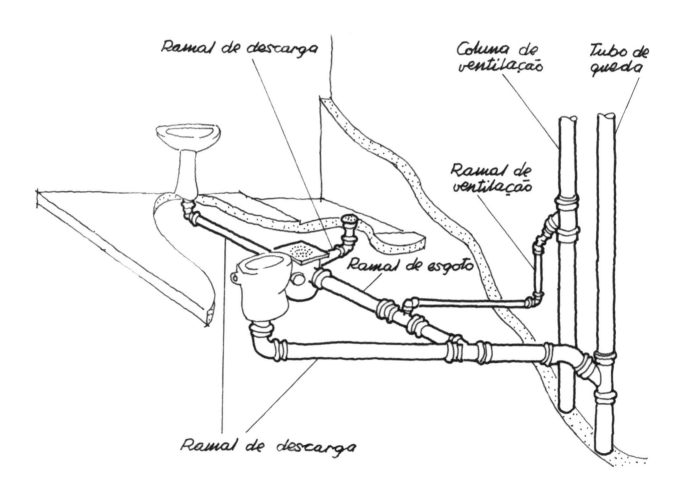

A figura anterior visualiza, para outro conjunto sanitário, as dezenas de peças que ficam ocultas na construção acabada. As plantas detalhadas dessas instalações caíram em desuso pelos projetistas pelo fato de que nem sempre o que foi projetado corresponde exatamente ao que se faz no canteiro de obras. É que o montador faz adaptações, fugindo do projeto original, a fim de simplificar sua mão de obra, ainda que isso resulte em mau funcionamento do conjunto.

18 Detalhes de esquadrias

Conteúdo: diversos tipos de esquadrias. Novos termos técnicos com ilustrações. A madeira entra em desuso e o planeta agradece; surgem perfis metálicos bem diversificados.

ESQUADRIA

É um conjunto de peças em ângulo reto ou em esquadro.

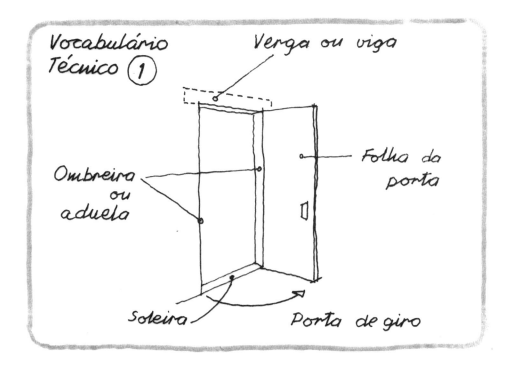

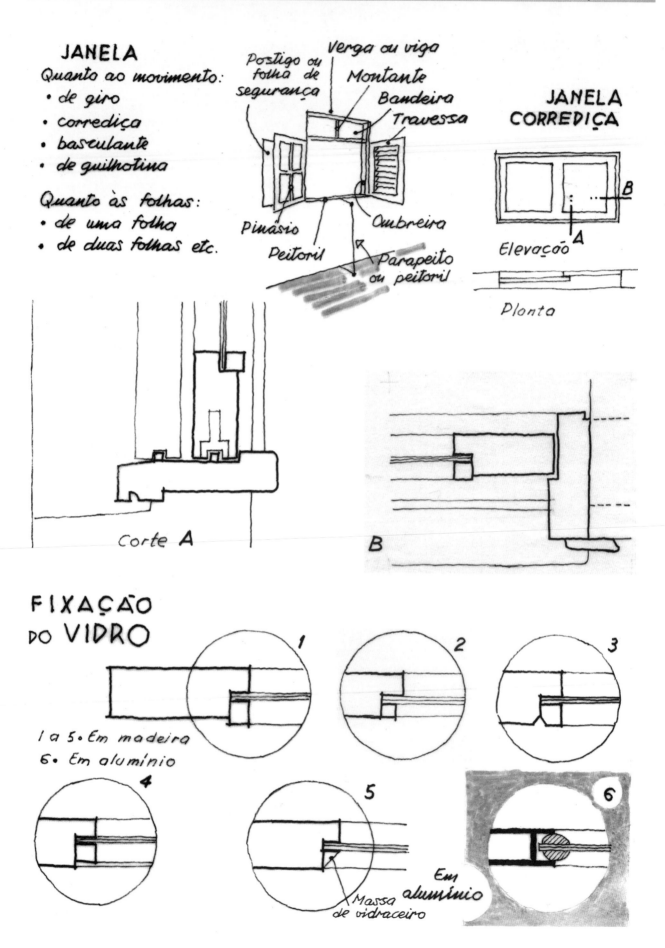

Detalhes de esquadrias

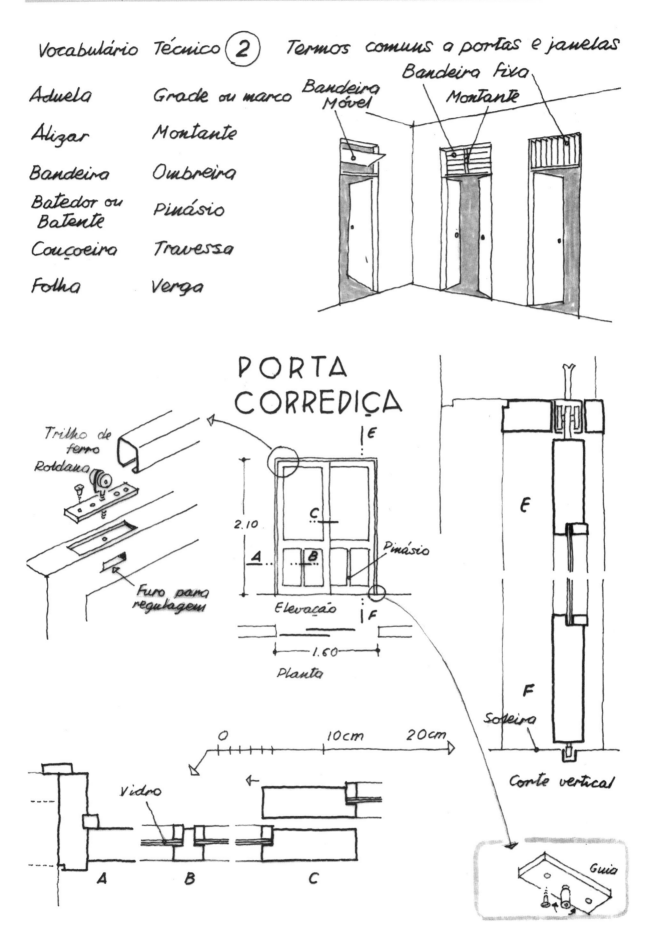

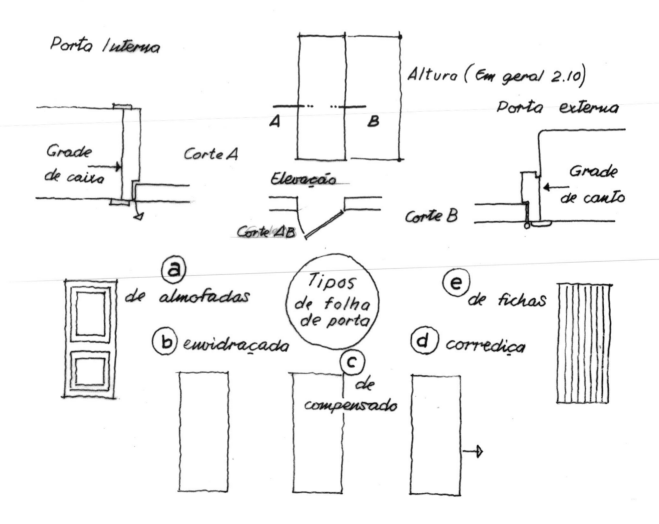

Detalhes de esquadrias

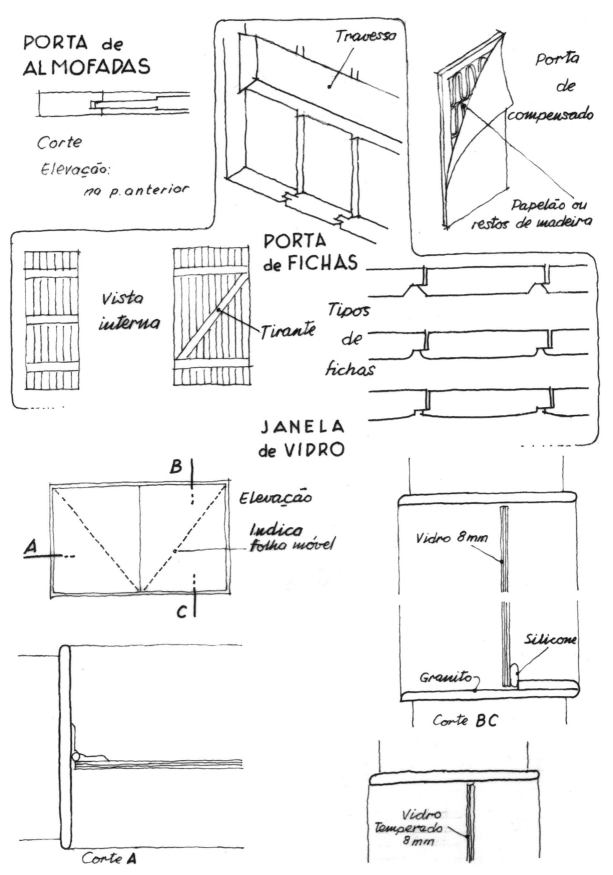

Detalhes não devem ser copiados. O bom projetista analisa o funcionamento de modo a obter o melhor resultado com menor custo e mão de obra.

ALUMÍNIO

Os arquitetos costumam deixar que o fornecedor faça o detalhamento, limitando-se a desenhar a elevação e o tipo de movimento das folhas.

Os perfis de alumínio se caracterizam por:

- boa vedação das esquadrias;
- peso reduzido;
- durabilidade;
- facilidade de corte e montagem;
- precisão.

Pontos fracos:

- pouca resistência a flexão e atrito;
- baixa resistência ao fogo;
- complexidade dos perfis;
- mudança aleatória dos perfis.

FERRO

O que se chama de ferro é, a rigor, aço. Alguns perfis possuem características especiais, como ligas de aço e cobre que lhes conferem durabilidade de 35 anos sem corrosão. Isso faz com que tais perfis sejam adotados em construções, substituindo o concreto armado.

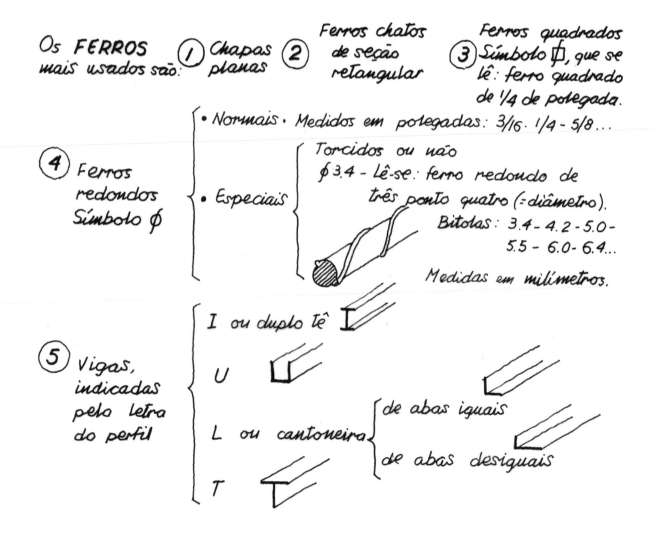

19 Representação em cores

*Conteúdo: os projetos de obras que envolvem acréscimo ou demolição utilizam **cores** a fim de assegurar bom entendimento daquilo que vai ser alterado. Outros usos de cores convencionais.*

Na representação dos projetos a serem construídos, utiliza-se *cor preta* em toda a representação.

O trecho que se segue, em itálico, não é norma e tem o inconveniente de não aparecer bem nas cópias: há quem utilize cor vermelha em traço contínuo como substituto de linhas tracejadas (arestas não visíveis). Por exemplo: a projeção da coberta na planta baixa seria feita com traço médio contínuo com cor vermelha.

Na representação da reforma de construção existente, é indispensável diferenciar *muito bem* aquilo que existe do que será demolido ou acrescentado. Essas indicações podem ser representadas utilizando *exclusivamente* cor preta, como ilustrado a seguir.

É mais usada e mais legível na representação gráfica a indicação de reformas por meio de pintura em *cores* convencionais: *vermelho* = a construir e *amarelo* = a demolir.

Essa pintura, indicada aqui por retículas (pontinhos), deve ser feita contínua e em tom suave no *original*. Cópias podem ser pintadas em tons vivos.

Cuidado! Qualquer cor diferente dessa convenção para vermelho e amarelo somente deve ser utilizada com indicação de seu significado.

Existe grande variedade de matérias passíveis de indicação por meio de cores. Damos, a seguir, exemplos com a ressalva de que os significados variam de autor para autor e que as empresas podem utilizar convenções próprias. Assim, é essencial que cada cor tenha seu significado devidamente "traduzido" nos desenhos.

- Vidro: verde-claro.
- Alvenaria de tijolos: vermelho.
- Líquidos: azul-claro.
- Concreto: cinza.
- Madeira: alaranjado.
- Terreno: tracejado marrom.

EXERCÍCIO

A figura a seguir exemplifica a utilização convencional de cores na apresentação de uma reforma. O leitor fará a interpretação de cada caso numerado, anotando o significado antes de proceder à leitura das respostas.

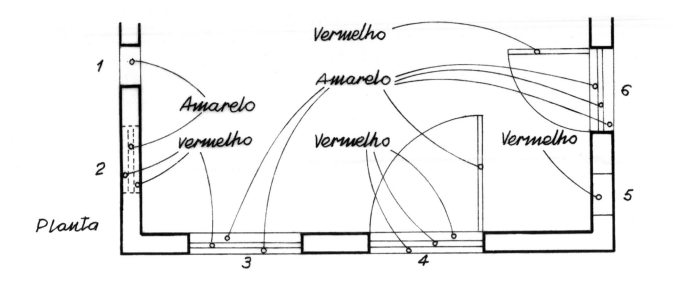

INTERPRETAÇÃO

1. Abrir vão.

2. Janela alta a ser removida; fechar o vão.

3. Abrir vão e colocar janela.

4. Remover porta e colocar parapeito; colocar janela.

5. Fechar o vão.

6. Remover janela; demolir o parapeito e colocar porta.

   Notar que essas convenções aplicam-se a plantas e a cortes.

20 Projeto de residência com dois pavimentos

Conteúdo: o projeto que ilustra este capítulo é uma feliz solução para habitação unifamiliar em terreno pequeno. Os desenhos formam aquilo que é exigido para apresentação e aprovação de um projeto nos serviços públicos; entretanto, deixamos de apresentar as especificações, os detalhes e a indicação dos pontos elétricos.

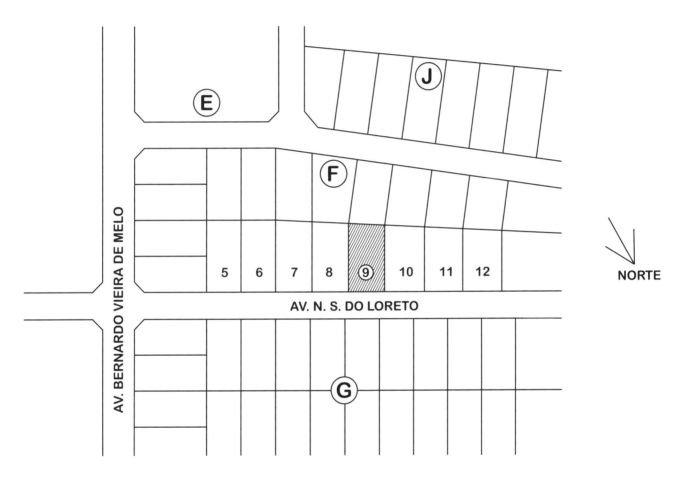

PLANTA DE SITUAÇÃO
ESCALA 1:1400

	MAURICIO DO PASSO CASTRO - ARQUITETO
	RUA JOAQUIM NABUCO, 619 GRAÇAS - RECIFE
	PROJETO: RESIDÊNCIA
	LOCAL: LOTE 9, QUADRA F
	LOTEAMENTO N. S. DO LORETO, PIEDADE - JABOATÃO - PE
	PROPRIETÁRIO: Z.B.R.

ESCALA		PRANCHA
DESENHO	PLANTAS E ETC.	
DATA JANEIRO/74		
ÁREAS		

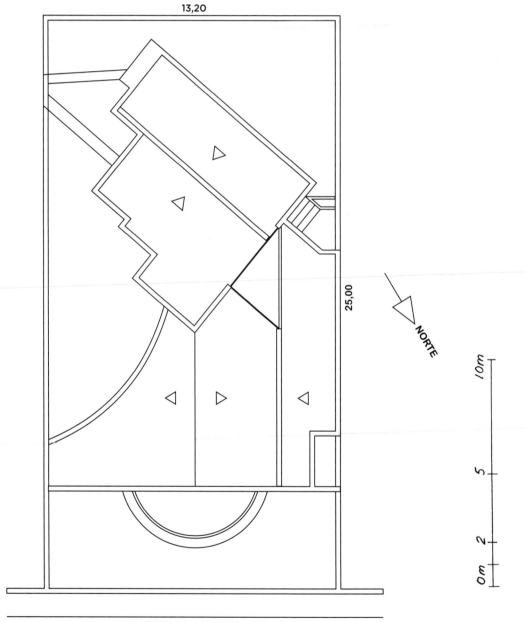

PLANTA LOCAÇÃO E COBERTA

Projeto de residência com dois pavimentos 143

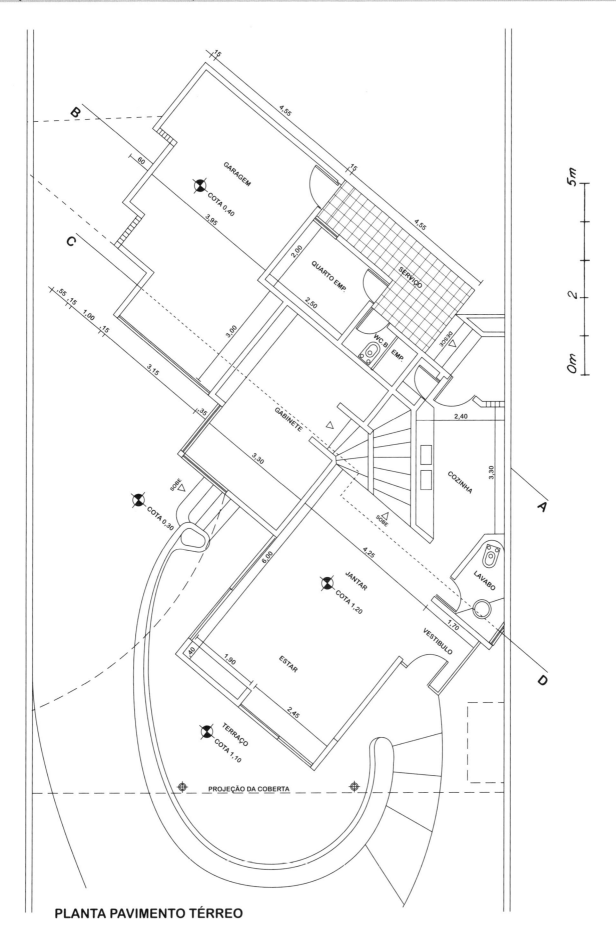

PLANTA PAVIMENTO TÉRREO

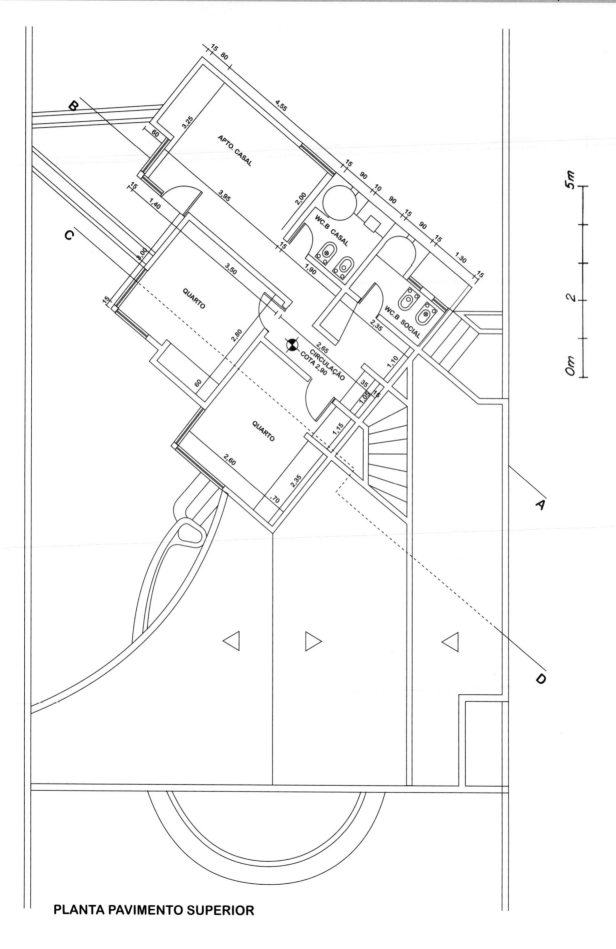

PLANTA PAVIMENTO SUPERIOR

Projeto de residência com dois pavimentos

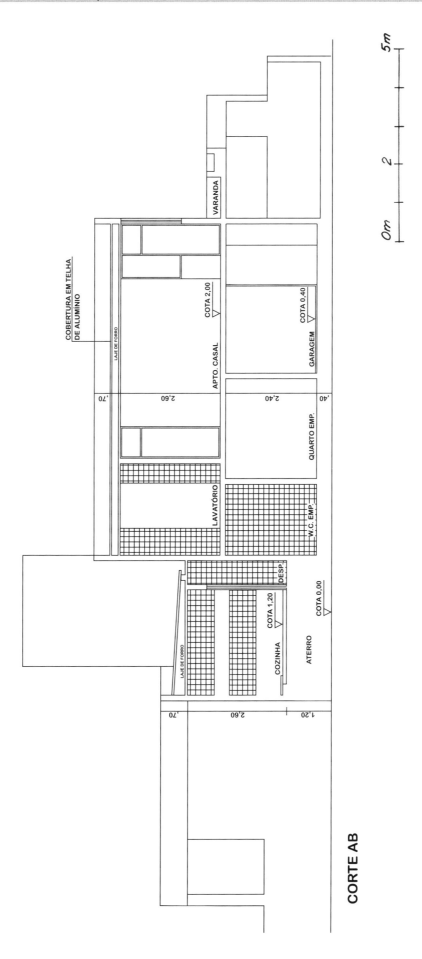

CORTE AB

146 Desenho arquitetônico

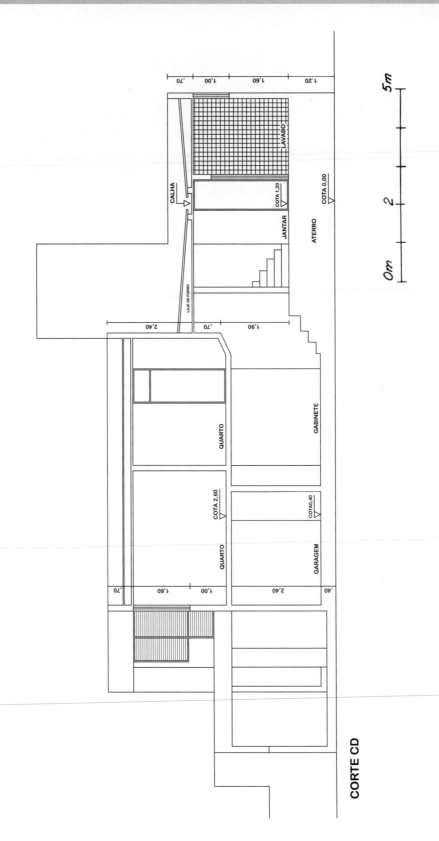

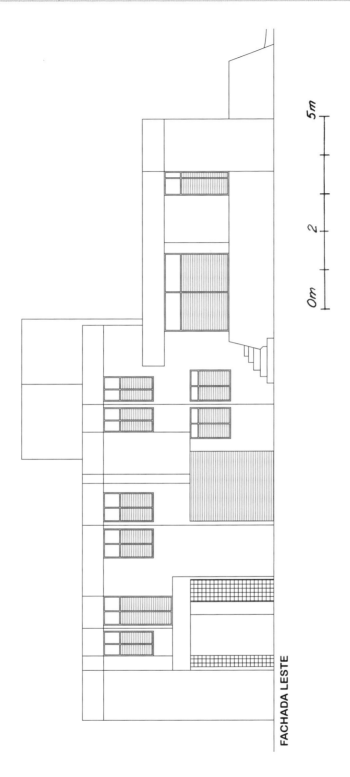

FACHADA LESTE

21 Projeto de edifício de apartamentos

Conteúdo: os desenhos a seguir são aqueles que se apresentam aos órgãos públicos para a aprovação do projeto arquitetônico.

Eles foram feitos em gráfica computacional por Patrícia Siqueira a partir dos estudos feitos pelo arquiteto Gildo A. Montenegro.

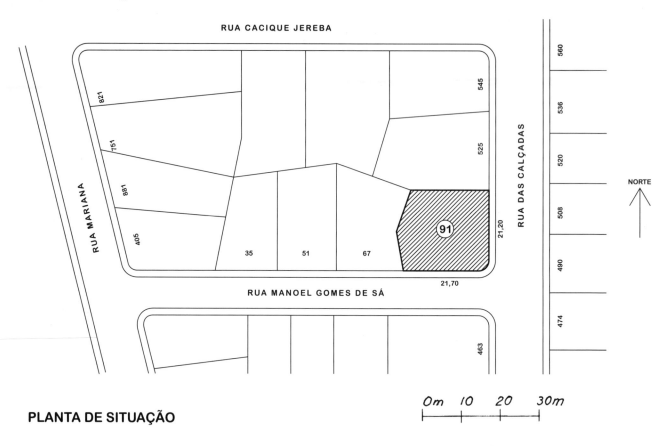

PLANTA DE SITUAÇÃO

Projeto de edifício de apartamentos

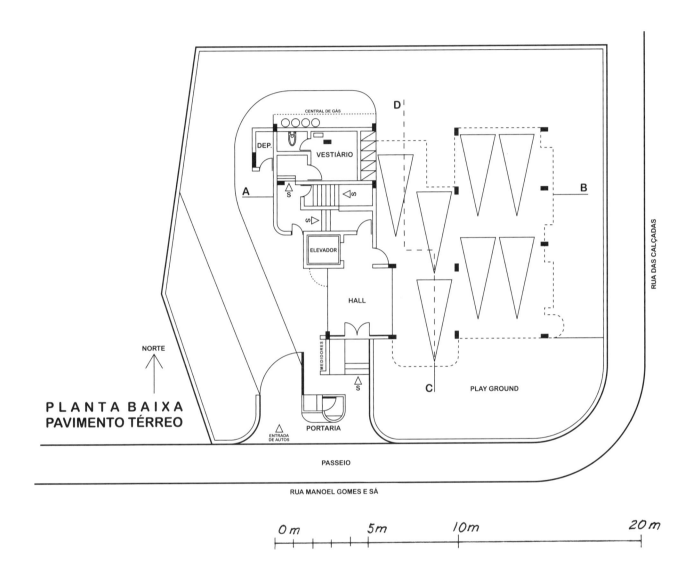

As perspectivas, em geral, não são apresentadas para aprovação nas repartições; costumam, porém, integrar os projetos levados a concursos públicos e constituem um apelo muito efetivo para o proprietário, o construtor e os compradores, especialmente quando coloridas. O desenho a seguir foi feito pelo arquiteto Ernesto Vilaça.

Projeto de edifício de apartamentos 151

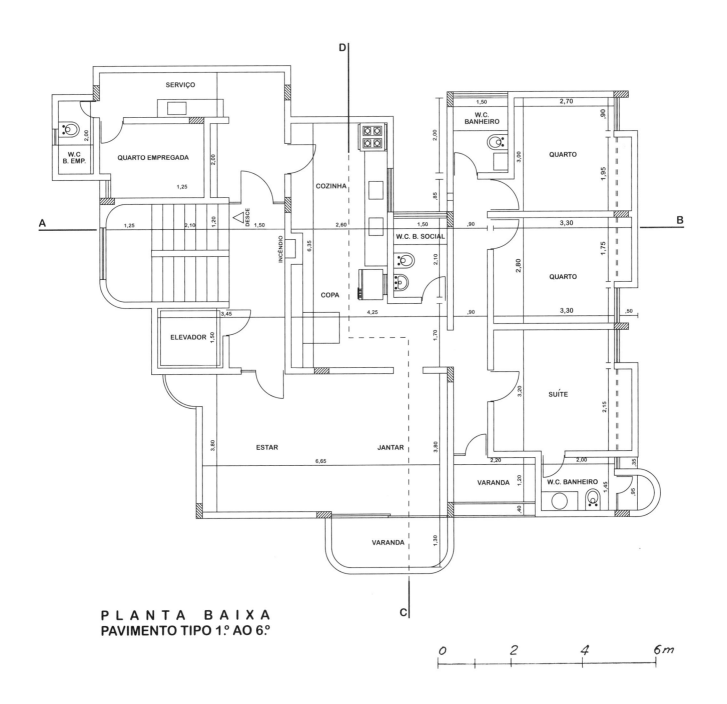

PLANTA BAIXA
PAVIMENTO TIPO 1.º AO 6.º

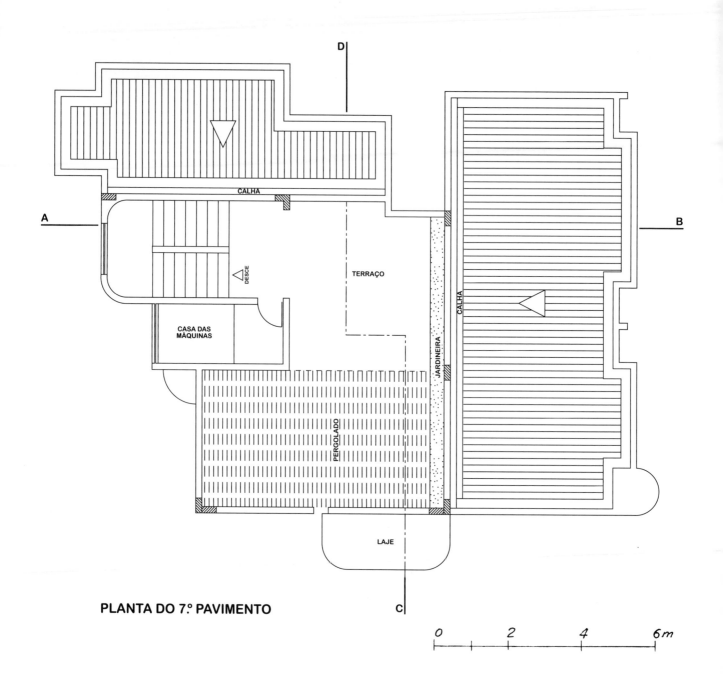

PLANTA DO 7.º PAVIMENTO

Projeto de edifício de apartamentos

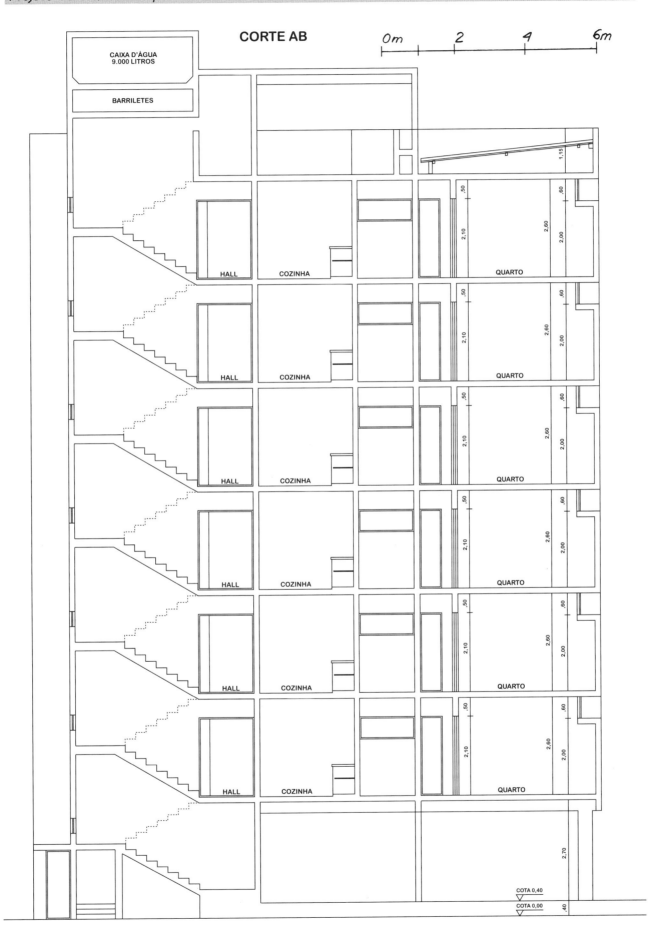

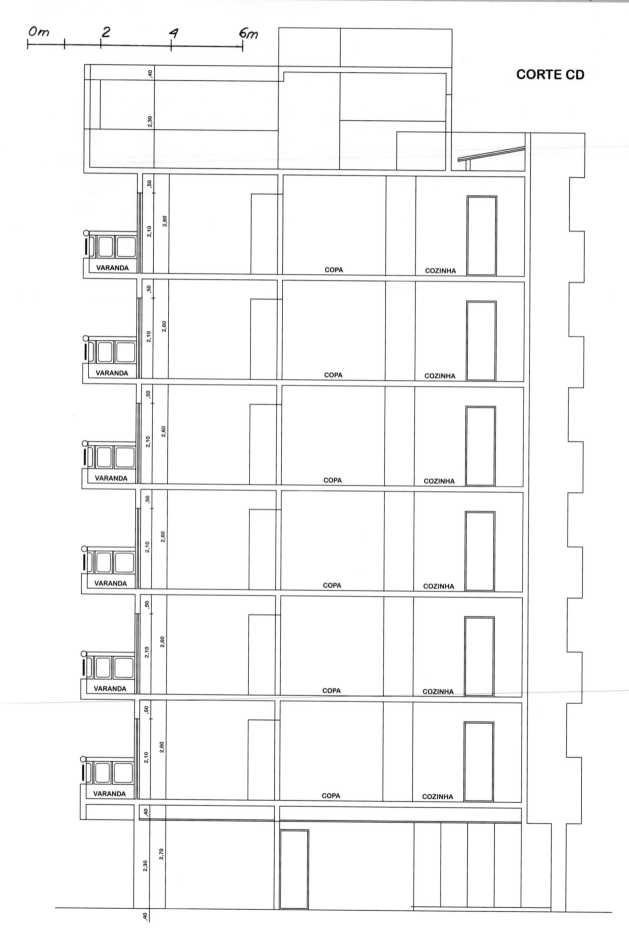

Projeto de edifício de apartamentos

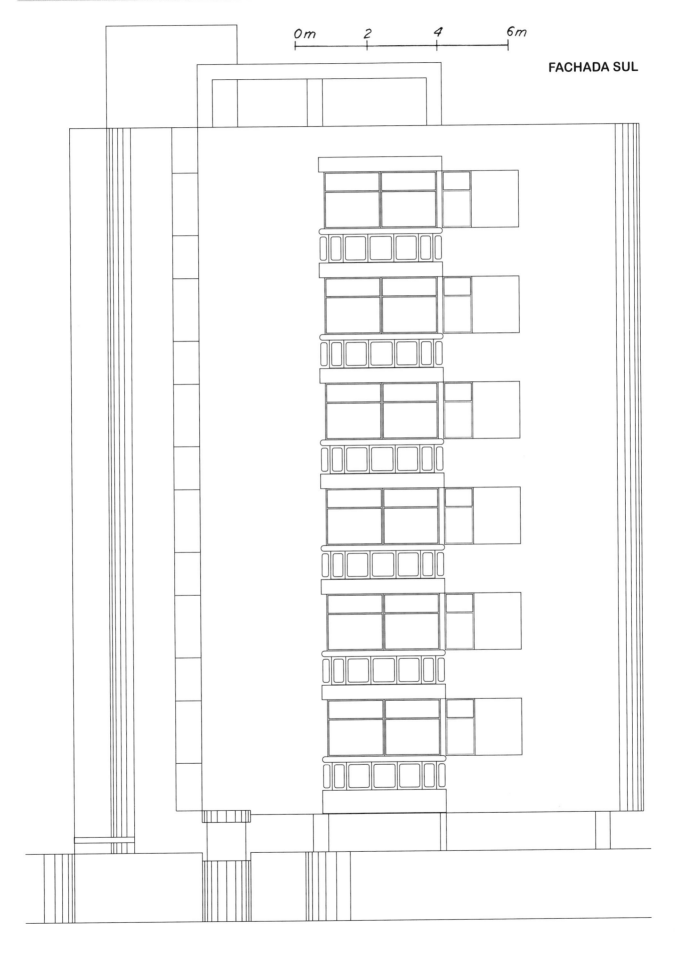

FACHADA SUL

156 *Desenho arquitetônico*

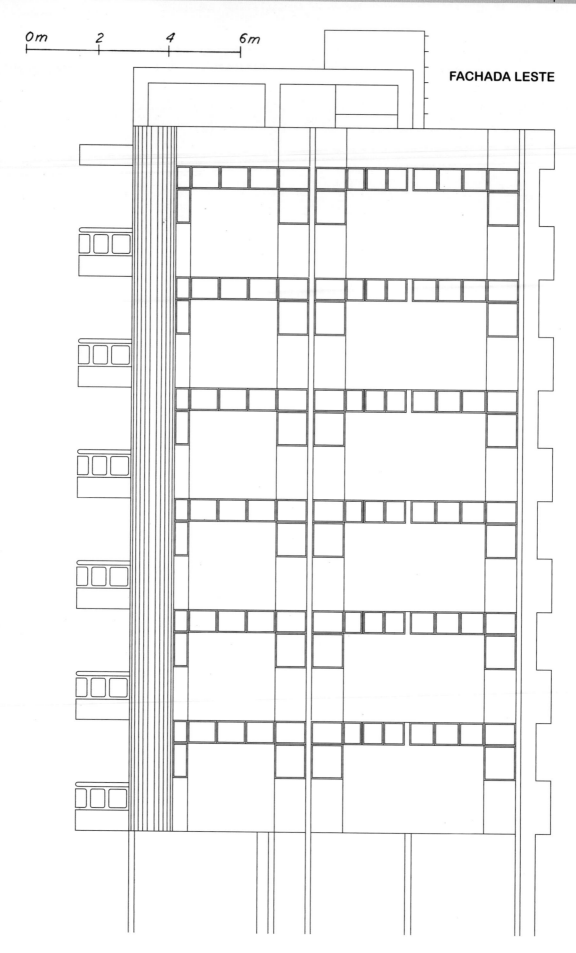

FACHADA LESTE

22 Vocabulário técnico

Conteúdo: toda profissão possui palavras específicas a fim de tornar mais eficiente o diálogo entre os profissionais da área.

Abóbada – cobertura de seção curva.

Adobe – tijolo de barro seco ao ar e não cozido.

Aduela – peça de grade ou marco de portas e de janelas.

Algeroz – tubo de descida de águas pluviais, em geral embutido na parede.

Alicerce – base que serve de apoio às paredes de uma construção. Embasamento.

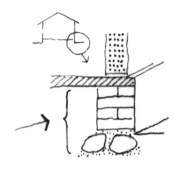

Alizar – peça de madeira que cobre a junta entre a esquadria e a parede.

Alpendre – parte saliente e aberta de edifício, tendo cobertura própria.

Amarração – disposição dos tijolos.

Andaime – construção provisória de madeira ou de ferro, ao lado das paredes, para uso dos operários.

Andar – pavimento acima do rés do chão.

Aparelho – acabamento para dar às pedras ou madeiras formas geométricas e aparência adequada. Primeira demão de tinta.

Apicoar – desbastar com ferramenta uma superfície ou pedra.

Arandela – aparelho de iluminação fixado na parede.

Asna – peça de tesoura de telhado. Perna.

Assoalho – piso de tábuas. Soalho.

Balanço – elemento com apoio e contrapeso numa extremidade e com a outra livre.

Balaústre – elemento vertical que, empregado em série, forma a balaustrada.

Baldrame – parte do embasamento entre o alicerce e a parede. Soco.

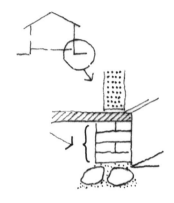

Bandeira – parte superior dos vãos acima das folhas de porta ou janela.

Basculante – janela ou peça móvel em torno de eixo horizontal.

Batedor – batente. Rebaixo na aduela onde se encaixam as folhas dos vãos.

Beiral – parte saliente da cobertura.

Bisel – corte em chanfro na extremidade de uma peça.

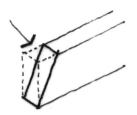

Boleado – de perfil curvo.

Boneca – saliência de alvenaria onde é fixado o marco ou grade de portas e de janelas.

Brise – quebra-sol. Lâmina horizontal ou vertical para proteção contra o sol.

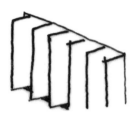

Brita – pedra quebrada em tamanhos variáveis.

Caibro – peça de madeira sobre a qual se pregam as ripas destinadas a suportar as telhas.

Caixilho – quadro de madeira ou metal que serve de estrutura para vidro ou painel de vedação. Esquadria.

Calha – conduto de águas pluviais.

Caliça – pó de cal. Resto de demolição.

Cantaria – construção de pedras aparelhadas e formando sólidos geométricos de dimensões e faces regulares.

Capialço – acabamento nos vãos entre a grade (marco) e o paramento da parede.

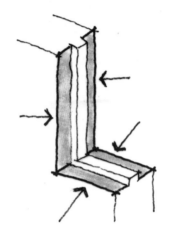

Cava – o mesmo que escavação.

Chanfro – pequeno corte para eliminar arestas vivas.

Chapéu (de muros) – coroamento que protege das águas.

Chapisco – primeira camada de revestimento de paredes e de tetos, destinada a dar maior aderência ao revestimento final.

Cheio – nome dado a uma parede sem aberturas. Parede cega.

Chumbador – peça que serve para fixar qualquer coisa numa parede.

Claraboia – vão na cobertura, em geral protegido com vidros.

Coifa – cobertura acima do fogão para tiragem de fumaça.

Coluna – suporte de seção cilíndrica.

Combogó – elemento vazado.

Concreto – aglomerado de cimento, areia, brita e água.

Concreto armado – concreto com ferragem.

Conduíte – conduto flexível.

Contraforte – reforço de muro ou parede. O mesmo que gigante.

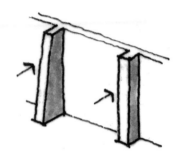

Cordão – peça de sustentação de vidro na esquadria. Baguete ou gaxeta.

Corrimão – peça ao longo ou nos lados de área de circulação dando apoio a quem dela se serve.

Costela – tábua colocada a cutelo para sustentação. Guia.

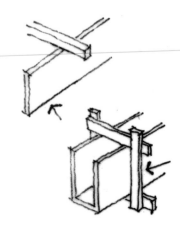

Cota – verdadeira grandeza de uma dimensão. Altura ou nível.

Couçoeira – peça vertical de portas e de janelas.

Cumeeira – ângulo diedro onde têm início as águas do telhado. A peça de madeira situada na porção mais elevada da tesoura.

Cúpula – abóbada esférica.

Cutelo – ver "costela".

Demão – camada de pintura.

Domo – parte externa de uma cúpula. Peça para iluminação e ventilação; em geral de material transparente.

Duplex – apartamento com dois pisos superpostos.

Edícula – pequena casa. Dependência para empregados.

Embasamento – parte inferior de uma construção e destinada à sua sustentação. Alicerce.

Emboço – segunda camada com que se reveste uma parede.

Empena – parede em forma de triângulo acima do pé-direito.

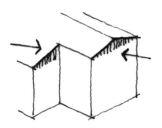

Ensamblagem – ligação de peças de madeira por meio de encaixes.

Escarear – rebaixar a fim de nivelar a cabeça de prego ou parafuso.

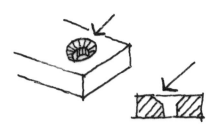

Esconso – torto, não paralelo.

Espelho – face vertical de um degrau. Peça que cobre a fechadura ou interruptor, quando embutidos.

Espera – ferragem ou tijolos salientes para amarrar futuros aumentos da construção.

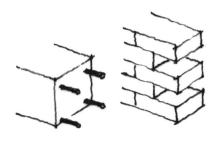

Espigão – encontro saliente e em desnível de duas águas de um telhado. Tacaniça.

Esquadria – fechamento dos vãos. É formada por grade ou marco e folhas.

Estaca – peça de madeira, concreto ou ferro que se crava no terreno como base para uma construção.

Estribo – peça de ferro destinada a sustentar um elemento de construção em relação a outro.

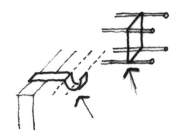

Estronca – escora de madeira.

Estuque – argamassa muito fina usada para acabamento de paredes e de forros. Sistema para construção de forros ou paredes usando entrançados de madeira e de arame como suporte.

Fêmea – entalhe numa peça para receber o macho.

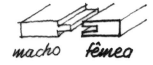

Flecha – distância entre a posição reta e a fletida de uma viga ou peça.

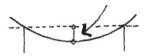

Folha – parte móvel da esquadria.

Folhear – revestir com lâmina fina, em geral de madeira.

Forro – vedação da parte superior dos compartimentos da construção.

Forro falso – forro que se coloca após a construção de laje ou de coberta e independente dela.

Frechal – viga de madeira colocada sobre uma parede para apoio da tesoura. A terça mais inferior que complementa uma tesoura.

Fundação – conjunto de obras sobre o qual se apoia uma construção. Base ou alicerce.

Galpão – construção aberta e coberta, mas não destinada a habitação.

Gárgula – tubo que despeja as águas pluviais coletadas no telhado.

Gelosia – treliça de madeira. Sendo móvel, chama-se "rótula".

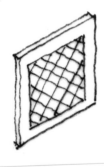

Grade – elemento vazado que forma a esquadria. Marco ou aduela.

Guarda-corpo – parapeito. Proteção de um vão.

Guilhotina – janela em que as folhas se movem verticalmente.

Jirau – pequeno piso colocado a meia altura.

Junta – espaço ou intervalo entre dois elementos.

Ladrilho – peça de forma geométrica e de pouca espessura, de cimento ou barro cozido, em geral destinada a pisos.

Lâmina – bloco vertical numa construção de vários pavimentos.

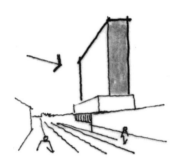

Lanternim – pequena torre destinada a iluminação e ventilação.

Leque – forma dos degraus na mudança de direção de uma escada.

Levantar – medir e desenhar um terreno ou construção.

Linha – peça inferior de uma tesoura de telhado onde se encaixam as pernas. Tirante.

Longarina – o mesmo que viga.

Macho – ver "fêmea".

Mansarda – tipo de telhado.

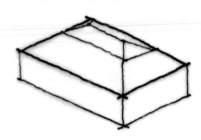

Mão de força ou mão francesa – peça inclinada que serve de apoio e reduz o vão do balanço.

Marco – ver "grade" ou "aduela".

Marquise – cobertura em balanço.

Mata-junta – elemento que cobre o encontro de duas peças.

Módulo – unidade de medida.

Monta-carga – aparelho para transporte vertical de pequenos objetos.

Montante – peça vertical de madeira.

Mosaico – painel formado por pequenos pedaços de vidro, cerâmica ou pastilhas. Tipo de piso: ladrilho. Montagem de fotografias aéreas em levantamentos cartográficos.

Muxarabi – conjunto de treliças fechando um balcão.

Nervura – viga saliente ou não de uma laje. Quando oculta, recebe o nome de "viga cheia".

Óculo – abertura circular feita numa parede para entrada de luz.

Ombreira – elemento vertical de uma esquadria que protege os vãos.

Osso – sem revestimento. Medida no osso: antes de feito o revestimento.

Pano – extensão da parede.

Paramento – superfície aparente de uma fachada.

Parapeito – ver "peitoril".

Parquê – piso constituído por pedaços de madeira formando desenhos.

Partido – disposição de um edifício. Por exemplo: partido horizontal.

Pastilha – pequena peça usada em revestimentos.

Patamar – trecho horizontal em escada ou rampa para descanso.

Pé-direito – distância entre o piso e o forro de um compartimento.

Peitoril – elemento de meia altura que protege os vãos. Mureta ou parapeito.

Pendural – peça do conjunto de uma tesoura de telhado.

Perna – ver "pendural".

Pilar – elemento de sustentação com seção poligonal.

Pilastra – pilar incorporado à parede, porém ressaltado.

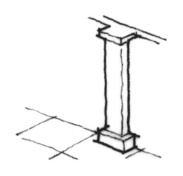

Pilotis – elemento de sustentação de uma construção no pavimento térreo. Nome que se dá ao pavimento térreo quando aberto.

Pinásio – peça que divide e sustenta os vidros nas folhas de esquadria.

Piquete – pequena estaca fincada no solo para demarcar pontos de um terreno.

Pivotante – folha móvel em torno de eixo vertical.

Planta – projeção horizontal. Vista superior. Projeção do corte horizontal numa edificação.

Platibanda – parede de pouca altura e acima do telhado com a função de encobri-lo.

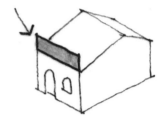

Pontalete – peça curta e vertical que serve de apoio.

Ponto – sistema de referência usado para indicar inclinação de coberta e baseado na proporção entre a altura e o vão de uma tesoura de duas águas.

Postigo – folha cega de porta ou janela para maior segurança.

Reboco – revestimento final de argamassa.

Respingador – rebaixo ou saliência para desviar as águas pluviais.

Rincão – ângulo reentrante e em declive formado pelo encontro das águas de um telhado.

Ripa – peça de madeira fixada com pregos sobre os caibros.

Rodapé – faixa de proteção entre a parte inferior da parede e o piso.

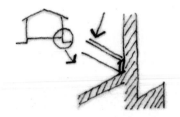

Rufo – chapa metálica dobrada ou lâmina de concreto para evitar infiltração d'água entre o telhado e a parede.

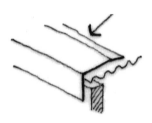

Sacada – parte pouco saliente de uma construção.

Saibro – barro ou argila usada em substituição à cal nas argamassas.

Samblagem – ver "ensamblagem".

Sanca – moldura na parte superior da parede, separando-a do teto.

Sanefa – faixa horizontal de arremate.

Seteira – abertura estreita e vertical.

Soalho – ver "assoalho".

Soco – porção aparente do embasamento. Ver "baldrame".

Soleira – parte inferior da porta.

Sótão – espaço acanhado entre duas tesouras de telhado e, em geral, usado como depósito.

Tacaniça – ver "espigão".

Talvegue – depressão alongada num terreno. Garganta.

Tapume – divisão feita de tábuas. Tabique.

Telha – elemento colocado na superfície externa da coberta para protegê-la de chuva, sol, ventos etc.

Telhado – cobertura onde se usam telhas.

Terças – peças de madeira onde se apoiam os caibros.

Terraço – cobertura horizontal como apêndice de um edifício. Área descoberta anexa a uma construção.

Tesoura – viga composta de madeira ou de metal destinada a suportar a coberta.

Tirante – peça de madeira ou de metal destinada a suportar empuxos.

Traço (de argamassa ou mistura) – proporção entre seus componentes.

Treliça – armação de madeira ou de metal onde existem aberturas. Viga.

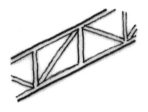

Vão – abertura numa parede ou painel. Distância entre os apoios.

Vazio – vão ou abertura.

Verga – viga que arremata a parte superior de uma abertura.

Zenital – no alto, no zênite, iluminação zenital: a que é feita por meio de abertura no teto.

"O médico pode enterrar seus mortos, mas ao arquiteto só resta aconselhar seu cliente a plantar trepadeiras."

Frank Lloyd Wright

Sobre o autor

Gildo Azevedo Montenegro foi professor nos cursos de Arquitetura e de Design na Universidade Federal de Pernambuco (UFPE) e ministrou cursos em dez estados brasileiros. É graduado em Arquitetura e possui especialização em Expressão Gráfica. Tem trabalhos publicados em jornais, congressos científicos e revistas técnicas do Brasil e de Portugal. Sua linha atual de estudos envolve aprendizagem, intuição, criatividade e inteligência. Em 2015, fez parte do Comitê Científico do Geometrias & Graphica 2015, realizado em Portugal, e recebeu da Universidade Maurício de Nassau a Comenda Maurício de Nassau por serviços prestados em prol da ciência, da tecnologia e do ensino. Nasceu na Paraíba e reside no Recife com a esposa e uma filha; dois filhos moram fora de casa e outra filha reside no exterior.

E-mail do autor: gildo.montenegro@gmail.com

GRÁFICA PAYM
Tel. [11] 4392-3344
paym@graficapaym.com.br

GRÁFICA PAYM
Tel. [11] 4392-3344
paym@graficapaym.com.br